감정평가사가 만난

천억
건물주

감정평가사가 만난

천억 건물주

천억 건물주에게 배우는 인생, 사업, 건물 투자에 대한 가르침

감정평가사 **이형석**

좋은땅

서문

인생을 살다 보면 특별한 사람을 만나는 경우가 있다. 그리고 그렇게 알게 된 귀한 사람을 통해 인생이 바뀌기도 한다. 뻔한 드라마 한 장면과 같은 일이 나에게도 일어났다.

천억 건물주. 웅장하고 멋지다. 건물 자산의 규모가 천억이라면 백억 건물이 10채라는 이야기이고 천억을 보유하고 있다고 하니 매달 상상할 수 없는 현금이 통장에 입금될 것만 같다. 상상만 해도 설레는 인생을 사는 사람을 만나기도 어려운데 운이 좋게도 지금 내 인생 멘토로 모시고 있다.

천억 건물주 멘토를 만나 멘토에게 인생과 사업, 건물 투자에 대해 배우고 있는 나는 현재 14년차 감정평가사로서 중앙감정평가법인 본사에서 이사로 재직 중이다. 감정평가사는 부동산의 경제적 가치를 판단하는 직업으로 대형 감정평가법인에서 다양한 업무를 경험하였다.

지금부터 몇 년 전, 운이 좋게 자산이 21억 이상 형성되어 건물 매입을 계획하였다. 제일 잘 알고 관심이 많던 지역의 공인중개사 사무실들을 돌아다니며 건물주의 대열에 합류하려고 하였다. 건물 투자 시장이 활황기에 해당하여 좋은 매물을 찾기 쉽지 않았지만 2개의 행정동을 구석구석 돌아다니며 열심히 좋은 건물을 찾아다녔다. 공인중개사 사무실에 들어가서 설명을 듣고 건물을 직접 둘러보며 건물주의 꿈이 곧 눈앞에 다가오는 듯했다.

세상일이 계획대로 되면 좋겠지만, 건물을 알아보러 다니던 그때 21억이 넘던 자산은 시장상황이 변하면서 줄어들었다. 자산이 21억이 넘는 시절, 모두 현금화하여 건물을 매입했다면 2배 이상의 건물 가치 상승을 기록하면서 지금쯤 추가로 매입할 만한 건물이 있는지 알아보고 있었을 것이다.

내 생각을 글로 기록하는 지금 이 활동을 하지 않아도, 매일 회사로 출근하는 일상을 하지 않아도, 임대 수익과 건물 가치 상승만으로 경제적 활동은 충분할 수 있었을 것이다.

지금 내게 필요한 것은 탈출구이다. 내 인생을 대역전할 수 있는 탈출구. 천억 건물주 멘토에게 인생을 배우고 사업을 배우고 건물 투자를 배워서 몇 년 전 계획했던 그 건물주 인생을 지금 다시 도전해 보려고 한다.

천억 건물주 멘토에게 들었던 이야기들을 하나씩 떠올리면서 내게 부족한 부분들은 채워넣으면서 내 인생을 바꾸어 나가려고 한다. 쉽지 않겠지만 힘들어하지 말고, 자신감을 가지고 한 걸음 한 걸음 앞으로 나아가려고 한다.

누군가에게는 흔한 이야기일 수 있는 내용들이겠지만, 내게는 가장 가깝고 가장 좋아하는 분에게 직접 듣는 귀중한 조언들을 마음속 깊이 새겨넣고 인생을 변화시켜 나가려고 한다.

부족한 게 많은 나에게 아낌없이 조언해 주고, 멘토의 가르침을 책으로 만들 수 있는 기회까지 주서서 멘토께 다시 한번 감사의 말씀을 드린다. 꼭 멘토의 가르침대로 성공하여 멘토의 뜻을 많은 사람들에게 알리고 싶다. 그게 천억 건물주 멘토에게 배운 내가 반드시 해야 할 과업이라고 생각한다.

끝으로 사랑하는 아내와 딸들에게 이 책을 바친다.

목차

부자생활

인생

사업

건물 투자

못다 한 이야기

부자생활

1.

천억 건물주를 성공으로
이끄는 운동 습관

천억 건물주 멘토는 다양한 운동을 한다. 골프 시즌에는 지인들과 모임으로 골프를 즐겨 한다. 수영은 가족들을 가르쳐 줄 정도로 잘한다. 헬스는 비싼 비용을 지불하고 경치가 좋은 헬스장에서 운동을 할 만큼 좋아하신다.

멘토가 운동을 좋아하고 자주 하는 것에 대해 이야기한 적이 있다.

"내가 다니는 헬스장에 그룹 대표들도 자주 와서 운동을 해. 그들은 기업 대표라서 시간이 많아서 운동을 자주 할까? 아니야. 운동을 꾸준히 하듯이 자기관리를 철저히 하기 때문에 대표 자리에 오를 수 있는 거고 최고 자리에 올라서도 자기관리를 멈추지 않고 이어가는 거야. 중요한 것은 절대 빼먹지 않고 매일 실천하는 것. 성공하기 위해서 꼭 명심해야 하는 내용이야."

생각해 보면 회사를 다니는 나도 운동을 열심히 하겠다고 다짐하고 연초에 헬스장을 등록하면 야근에 회식에 중요한 모임까지 핑곗거리가 생기고 그러면서 한두 번 헬스를 안 가게 되면 운동을 가는 것보다 안 가는 게 익숙해진다.

업무 강도나 업무 양, 퇴근 이후 모임도 회사 대표가 많을 텐데 운동을 꾸준히 하는 것을 보면 내가 얘기하는 핑계들은 자기합리화일 뿐이다. 가장 기본인 운동을 하는 것에도 이렇게 차이가 나는데 업무를 하거나 사람을 만날 때에도 일반인이 모르는 많은 부분에서 차이가 나기 때문에 성공하는 사람들이 높은 자리에까지 오를 수 있었던 게 아닐까?

지금부터 운동이라는 한 가지 분야부터 꾸준히 해야겠다. 어떤 핑계도 변명도 대지 말고 가장 먼저 운동을 하고 그러한 패턴을 꾸준히 유지해야겠다. 내 인생의 작은 변화부터 시작해야겠다.

2. 천억 건물주가 다니는 호텔 헬스장의 가치

천억 건물주 멘토가 다니는 고급 호텔 헬스장을 같이 간 적이 있었다. 회원권을 구입하고 매달 이용료를 연회비 형태로 지급해야 이용할 수 있는 형태였다. 운동이 끝나고 나오면서 알았는데 회원권 소지자의 동반인도 별도로 비용이 발생했고, 비용은 동네 헬스클럽의 한 달 이용료보다 비쌌다.

고급 호텔의 헬스장.

엄청 화려하고 고급스러울 것이라고 예상을 하면서 들어갔는데 생각했던 느낌과 달랐다.

내가 그동안 상상했던 해외 리조트나 호텔에 있는 모던한 느낌의 화려한 헬스장이 아니었기 때문이다.

락카에서 헬스장 운동복으로 갈아입고, 헬스장에 준비되어 있는 양말로 갈아 신고 멘토의 운동신발을 빌려 운동하는 공간으로 이동하였다. 평범한 락카시설을 뒤로하고 운동하는 공간에 들어오니 왜 이곳이 이렇게 비싼 비용을 지불하고 운동을 하는 곳인지 알 것 같았다. 헬스장 한쪽면이 유리로 되어 있어서 탁 트인 야외 전망을 보면서 운동을 할 수 있었던 것이다. 야외를 보면 아무것도 안 해도 마음이 편안해지고 힐링이 될 것 같은 그런 장소였다. 멋진 야외 전망을 보면서 운동을 하니 신체 운동 외에도 마음이 안정되기 때문에 비싼 비용을 지불하고 많은 사람들이 이 헬스장을 이용하는 것이었다.

내가 경험했던 동네 헬스장은 운동만 하는 공간이었다면 호텔 헬스장은 운동을 하면서 심리적인 안정과 힐링을 함께 누릴 수 있는 공간이었던 것이다. 내가 경험했던 동네 헬스장은 운동을 하면서 시간을 소비하는 장소였다면 호텔 헬스장은 운동을 하는 시간의 가치를 높이는 장소였던 것이다.

부자들이 높은 비용을 지불하면서 값비싼 서비스를 이용하는 이유는 다른 효용을 추가로 누리면서 시간의 가치를 높일 수 있기 때문이 아닐까? 정해진 휴식 시간을 가장 효율적으로 보내는 방법은 시간의 가치를 높이는 서비스와 장소를 이용하는 것이기 때문이다.

매일 다니는 동네 헬스장에서 운동을 하면서 운동하는 이 시간이 너무 즐겁고, 지금 행복하다는 감정을 느끼고 있고 내가 보는 이 장면과 이 순간이 소중하다고 느껴진다면 값비싼 호텔 헬스장을 다니는 것과 동일한 효용을 느끼고 있는 것이다.

3.

천억 건물주의 건물 관리 현실과 스트레스

천억이 넘는 건물을 소유하고 있는 멘토는 좋기만 할까? 그렇다.

천억이 넘는 건물을 소유하고 있는 멘토는 놀기만 해도 될까? 그렇다.

천억이 넘는 건물을 소유하고 있는 멘토는 건물들을 관리하면서 힘들지 않을까? 그렇다.

천억이 넘는 건물을 소유하고 있는 멘토도 건물을 관리하면서 크고 작은 일들이 벌어진다.

내가 들으면 큰 일처럼 느껴지지만 멘토는 사업을 할 때보다는 어렵지 않아서 그런지 자산 가치 증대와 임대 수익이라는 크나큰 선물을 주는 건물들이라서 그런지 아니면 업무 중 하나라고 생각해서 그런지 크게 신경 쓰지 않는다.

건물 관리하면서 무슨 일이 있겠냐고?

1. 건물에 화재가 난 적이 있다. 임차인이 요리 중에 실수로 불이 나서 신문에 기사까지 난 적이 있다.

2. 임차인이 계약기간 만료로 나가면서 권리금 명목으로 많은 돈을 요

구했다. 근거 없는 요구였기에 요구에 응하지 않자 의사였던 임차인은 문제가 될 만한 언행을 했다.

3. 임차인이 임대료를 미납했고, 멘토가 대처를 잘해서 앞으로는 임대료를 꼬박꼬박 잘 내겠다고 했는데 임차인은 다음 달에 임대료를 또 안 냈다. 영업이 잘되고 매출도 상당한 사업장이었다.

나 같으면 한 가지 일만 생겨도 스트레스가 엄청 날 것 같다. 일반인들에게는 잠을 못 잘 만큼 신경 쓸 일인데 멘토는 크게 신경 쓰지 않았고 그냥 상황에 맞게 대처를 했다.

천억 건물주가 되기 위해서는 험난한 과정을 이겨 내야 막대한 규모의 자산을 이룰 수 있을 것이다. 그동안 힘들었던 과정들에 비하면 멘토가 건물들을 관리하면서 경험해야 하는 스트레스는 늘 있던 사소한 일들에 불과할 수도 있을 것이다.

누구나 꿈꾸는 결과를 이루기 위해 끊임없는 노력으로 역경을 이겨 냈을 것이다.

천억 건물주 멘토는 그런 분이셨다.

4.   천억 건물주의 유연함과 균형

'천억 건물주 멘토는 좋은 분일까?'라는 질문에는 물론이라고 답한다.
'천억 건물주 멘토는 친절한 분일까?'라고 묻는다면 "그때 그때 다르다."
라고 답할 것 같다.

멘토와 업무에 대해 이야기할 때에는 평소와 다르다. 분석적이고 간결
하고 명확하다.

멘토와 평소에 만났을 때에는 위트 있고, 배려하며, 많이 챙겨 주는 따
뜻한 분이다.

멘토는 직장을 다니다가 사업을 시작해서 성공한 케이스다. 사업을 하
면서 냉철하고 공격적인 성향이 강해졌다고 하셨다. 내가 살아남고, 사
업을 성공시키기 위해서 보다 강해져야 했다고 한다. 그래서 투자자의
생활을 하고 있는 지금도 업무 중에는 사업할 때 모습이 잠깐씩 나오는
것이었다.

평소에는 식사를 하고 카페를 가고 일을 하면서 마주치는 많은 종업원
들과 직원들에게 늘 친절하고 매너가 좋아야 한다. 하지만 사업을 하다
가 경쟁자를 이겨야 하는 상황이라면 전투적으로 바뀌어야 한다. 생존이

달린 순간에 누군가가 싸움을 걸어온다면 완전히 짓밟고 승리해야 내가 살아남는 것이다.

매사에 친절하기만 한 게 아니라 중요한 순간에는 상대방에게 나의 존재감을 알리고 때로는 상대방이 예상하지 못했던 강한 상대임을 보여 줘서 앞으로는 나를 쉽게 생각하지 못하게 해야 할 것이다.

아직도 배울 게 많고 갈길이 멀게만 느껴진다. 그래도 하나씩 배우면서 앞으로 나아가 보자.

5. 천억 건물주와 함께하는 변화의 순간

천억 건물주 멘토를 만나서 함께 시간을 보낸 지 10년 가까이 된다. 성공한 분과 함께하면서 생각을 배우면서 사소한 행동 습관도 놓치지 않으려고 했다.

멘토는 부자가 되면 어떤 게 좋은지 알아야 한다면서 부자들이 경험하는 것들을 하나씩 경험시켜 주셨다. 그리고 멘토 주변에 계시는 좋은 분들도 소개시켜 주면서 함께하는 자리를 만들어 주셨다.

고맙고 감사한 마음뿐이다. 누군가가 나를 아껴 주고 도와주고 가르쳐 주고 기회를 주고 있었다. 그리고 그분은 이미 크게 성공하신 분이다. 성공한 멘토 옆에서 성공을 배우면서 너무나 큰 감사함을 느끼고 있던 어느 날. 멘토께서 구체적으로 내 미래에 대해 조언을 해 주고 계셨다. 내가 딱해 보이고 안타까운 마음에 시간을 내서 앞으로 계획에 대해 자세하게 가르쳐 주시던 중 말씀하셨다.

'나는 너한테 바라는 거 없다. 네가 잘되서 지금 나처럼 잘 지내는 거 그거면 된다.'

멘토의 가르침이 상당히 구체적이다 보니 앞으로 나의 계획 중 특정 부분에서 내가 망설였고, 주저하는 내 모습을 보면서 멘토가 답답해서 하신 말씀이다. 멘토께서는 이 이야기를 하셨는지 기억을 못 하실 것이다. 멘토가 너무 답답한 마음에 순간적으로 혼잣말처럼 하신 이야기였기 때문이다.

멘토는 내가 잘되길 바라는 마음에 오랜 시간 동안 아낌없이 도와주고 계시다. 어쩌면 멘토께서 성공을 하신 게 이러한 마음 때문이 아닐까 생각이 든다. 좋은 뜻과 선한 생각으로 주변 사람들에게 베풀고, 주변 사람들에게 도움을 주기 때문에 그 선한 행동들이 더 큰 마음으로 멘토에게 돌아가는 것이다.

몇 년 후 나도 멘토처럼 자산가가 된다면 멘토에게 그동안 배우면서 느꼈던 고마운 감정들을 누군가의 멘토가 되어 갚아 나가도록 해야겠다. 멘토가 그랬던 것처럼.

6.

천억 건물주에게 배운 선물과 감사의 의미

천억 건물주 멘토와 지내다가 업무적으로 도움을 받은 적이 있었다. 멘토의 소개로 진행한 업무가 잘 마무리되어 감사한 마음을 담아 선물을 드렸다. 마침 명절이 얼마 남지 않아 명절 선물을 겸해서 드린 것이다. 선물을 받은 멘토는 사진과 함께 고맙다는 메시지를 보내 주셨다. 선물을 하고 얼마 후 만났을 때 멘토는 다시 한번 선물에 대해 감사함을 표현하셨다. 그리고 고마운 마음으로 충분하니 앞으로 선물은 보내지 않아도 된다는 이야기를 간접적으로 해 주셨다.

멘토는 천억이 넘는 건물을 보유하면서 관계된 업무 분야가 다양하다. 감정평가 외에도 은행, 세무, 법무, 중개, 증권, 인테리어, 설계 등 많은 분야와 연결되어 업무를 하고 계신다. 멘토는 건물주로서 비용을 지불하며 각 분야의 업무를 진행하다 보니 해당 업체에서는 멘토가 중요한 고객이었다. 그래서 명절만 되면 고객인 멘토에게 감사한 마음을 담아 선물을 보내는 업체들이 많다. 명절 때마다 선물을 보내 주니 너무 감사한 일이고, 게다가 업무까지 열심히 해 주는 업체는 계속 관계를 유지할 수밖에 없다고 하셨다. 다른 업체를 생각해 볼 틈을 주지 않는 것이었다. 또 백화점과 브랜드에서도 명절에 선물을 보내기 때문에 선물을 받고 정리하는 데 시간이 많이 소요된다고 하셨다. 선물만 받으면 안 되고, 선물을 보내 주신 분에게 감사하다는 인사도 해야 하고 선물을 보내 준 이상의 무엇인 가를 보답해야 했다.

나에게 명절은 일 년에 두 번 길게 쉬는 휴일. 온 가족이 만나는 휴일이지만 천억 건물주 멘토에게 명절은 그 이상의 의미가 있는 날이었다.

누군가에게 선물을 받을 만큼 다른 사람들에게 도움을 주고 있는가? 나를 중심으로 다양한 분야 사람들이 업무를 하면서 경제적인 이득을 얻고 있는가? 천천히 한 걸음씩 나아가다 보면 목표한 지점에서 멘토와 같이 내 곁에 사람들이 모이는 시기가 올 것이다.

그때까지 힘내서 전진해 보자.

7.

천억 건물주의
예리한 판단과 대처

천억 건물주 멘토와 저녁을 먹으러 가는 길이었다. 멘토의 벤츠 마이바흐 차를 타고 목적지에 도착했다.

'처음 보는 주차대행 업체인데?'

멘토가 자주 가는 건물에서 처음 보는 주차 대행 업체 직원이 발레파킹을 해 주고 있었던 것이다. 규모가 큰 건물이고 발레파킹 직원들이 단체로 동일한 의상을 입고 있었다. 흔히 볼 수 있는 발레파킹 업체의 모습이었다.

"발레파킹 업체가 새로 생겼나 봐요?"

멘토는 직원에게 질문했다.

"저희 운영한 지 좀 됐습니다."

직원은 대소롭지 않게 대답하였다. 멘토는 건물 관리 업체에 직접 전화를 하셨다. 그리고 어디론가 가서서 건물 관리 업체 직원 담당자와 다시 나타나셨다. 건물 관리 업체 책임자가 나타났다.

"저희 건물과 계약한 주차 대행 업체가 맞습니다."

건물 관리 업체 책임자가 주차 대행 업체 직원들 앞에서 정식으로 계약한 업체임을 확인해 주자 멘토는 식사를 하러 자리를 옮기셨다.

그날 멘토와 헤어지고 나서 곰곰이 생각해 보았다. 그럴듯한 옷 몇 벌과 안내 표지판 몇 개로 주차 대행 업체라고 속여 3억이 넘는 마이바흐 차량을 도난 맞을 수 있었다.

처음 가는 장소이거나 오랜만에 왔으면 넘어갔을 수도 있지만 자주 가는 장소였기 때문에 멘토는 낯선 업체를 확인했던 것이었다.

과연 나였으면 어떻게 했을까? '처음 보는 업체인데? 이상한데?' 이런 생각만 하면서 차를 직원에게 맡겼을 것 같다. 이상하다는 생각이 들면 의심을 해결하여 문제가 있는지 확인해야 한다. 문제를 발견하고 문제라고 인식한 후에 문제를 해결하는 것. 너무도 당연한 것이지만 문제를 발견하고 문제인지 확인한 이후에 문제를 해결하는 게 맞다. 나는 애매한 상황에서 문제인지 확인하는 작업을 하려고 하지 않았을 것이다.

멘토는 그동안 사업을 하시면서, 투자를 하시면서 많은 상황을 겪고 문제들을 해결하면서 천억이라는 어마어마한 자산을 이루셨다. 그래서 문제를 인식하고 문제를 해결하는 일이 자주 있었을 것이다. 나는 어떠한가? 아직도 천억 건물주 멘토에게 배우고 배운 것을 실천하기까지 갈 길이 멀다.

8.

천억 건물주가 TV 없이
가족과 보내는 행복한 시간

천억 건물주 멘토 집을 방문했을 때 특이했던 점은 거실에 TV가 없다는 것이다. 거실에 엄청 큰 테이블과 의자가 놓여 있었고, 벽면 어디를 보아도 TV는 없었다. 테이블 위에는 책들이 쌓여 있었고 노트북이 두 대 있었다.

"우리 집에 TV 없어."

두리번거리면서 TV를 찾는 내 모습을 보고 멘토가 이야기했다. 거실에 TV가 있으면 가족들끼리 대화를 안 하게 된다고 한다. 각자 TV만 보고 핸드폰만 하면서 시간을 보내다가 잘 시간이 되면 각자 방으로 돌아간다는 것이었다.

TV가 없으면 서로 대화를 많이 한다고 했다. 오늘 있었던 일들에 대해 서로 이야기하면서 자연스레 대화가 길어진다고 했다. 학교에서 배웠던 내용들에 대해 이야기하고 물어보다가 막히거나 궁금한 부분이 생기면 직접 노트북으로 검색하고 공부해서 다시 이야기한다고 했다. 그래서 거실에 노트북이 놓여 있는 것이었다.

TV가 있으면 아이들은 TV를 보고 싶어 하고 절제하기 어려운 시기라서 TV를 오래 보고 싶어 한다. TV를 그만 보라는 부모와 TV를 더 보겠다는 아이 사이에 전쟁이 시작된다.

가족들이 그날 있었던 일들, 고민되는 부분들을 서로 이야기하다 보면 정서적인 안정과 유대감 등이 생길 것이다. 집에 있는 시간이 많지 않아도 집에서 가족들이 모이는 시간이 한정적이더라도 집에 TV를 없애고 집에서 핸드폰 하는 시간을 줄이자.

집에서 가족들이 서로에게 집중하는 시간을 갖자. 이야기하는 게 어색하면 간단한 보드게임이나 체스, 바둑 등 같이 할 수 있는 오락들을 찾아보자. 아니면 온 가족이 함께 집 밖에서 운동할 수 있는 배드민턴, 조깅, 줄넘기 등도 좋다. 집 안에서든 집 밖에서든 가족들이 같이 할 수 있는 무언가를 찾고 그것을 하면서 시간을 보내자.

가족이 제일 중요하다. 가족들과 함께 추억을 만들고 이야기하는 시간을 늘리도록 노력하자.

9.

천억 건물주의 집에 담긴
가족의 소중함

천억 건물주 멘토의 집을 초대받아서 갔을 때의 일이다. 넓은 집, 멋진 전망, 예쁜 인테리어 등 예상했던 만큼 멋지고 훌륭한 집이었다.

기억에 남는 것은 집 구석구석 가족들과의 추억이 담긴 사진들이 벽에 붙어 있다는 것이다. 아이가 태어났을 때, 걸음마를 시작했을 때, 학교 입학식 때 등 중요한 시기의 사진들이 거실, 방, 복도 각 벽면에 다양한 형태로 붙어 있었다. 집을 둘러보면서 멘토 가족의 연대기를 확인할 수 있었다.

"가족이 제일 중요해."

멘토에게 자주 듣는 말이다. 멘토가 가족을 사랑하고 아끼는 것도 잘 알고 있다.

집에 와서 집 안을 둘러보면서 가족들이 하루에도 몇 번씩 가족들의 존재를 인식하고 바쁘더라도 소중한 추억들을 떠올리며 여유를 가질 수 있을 것 같았다.

멘토 곁에서 배우면서 느낀 점은 사소한 것 하나도 많이 고민하고, 고민이 끝나면 바로 행동에 옮긴다는 것이다.

멘토가 사업을 한참 할 때에는 가족과 시간을 많이 못 보내 미안했다고 했는데 아마도 사업이 자리를 잡고 나서 가족을 생각하는 마음에 예쁜 인테리어 대신 소중한 가족 사진들을 집안에 꾸며 놓은 것이 아닐까 싶다.

늘 내 곁에 있는 소중한 가족들. 가족들을 항상 생각하고 그 마음을 간직하려는 멘토의 마음을 보면서 가족을 위해 나는 무엇을 할 수 있을까 고민해 본다.

10.
천억 건물주가 가족과 해외여행에서 함께하는 새해 목표 설정

천억 건물주 멘토는 가족들과 여행을 어떻게 갈까? 멘토가 제일 중요하게 생각하는 것은 여행의 목적이다. 왜 여행을 떠나는가?

멘토는 새해가 시작하는 1월이 되면 가족들과 해외여행을 간다. 여러 번 가기도 하고, 장기간 떠나기도 한다. 여행을 가서는 각자 올해의 목표를 말하고 서로의 목표에 대해 이야기하는 시간을 갖는다고 한다. 가장 중요한 내용에 대해 의논하기 위해 가장 편한 장소를 찾는 것이다.

각자 목표에 대해서 이야기하는 시간은 길어질 때도 있고 금방 끝날 때도 있다고 했다.

그러나 그 시간을 중요하게 만들기 위해 특별한 장소를 찾으면 가족들은 가벼운 시간이 아니라는 것을 깨닫고 한참 전부터 그 해의 목표에 대해 구체적으로 고민하게 된다고 한다. 누군가에게 보여 주기 위한 것이 아니라 진짜 나를 위한 것이 무엇인지, 더 나은 나, 더 즐겁고 행복한 내가 되기 위해 올해는 어떤 목표를 세울지에 대해 머리를 싸매고 생각하고 또 생각하게 된다고 한다.

해외여행을 가서 재미있게 여행을 하다가 저녁시간이 되면 서로의 목표에 대해 말하는 시간이 시작되는데 막상 그 시간이 되면 서로 웃으면서 각자의 목표에 대해 가볍게 토론하는 장이 열린다고 한다.

중요한 시간을 즐겁게 보내기 위해 해외여행을 떠나는 멘토의 모습. 장소는 중요하지 않을 것이다. 집 근처 가까운 곳에 있는 조용한 음식점이나 카페가 될 수도 있을 것이다.

중요한 시간을 즐거운 분위기에서 보내기 위해 노력하는 멘토에게 한 가지를 더 배운다.

11.

천억 건물주가 일상에서 누리는 특별한 혜택

부자가 되면 좋은 점이 어떤 것이 일까? 천억 건물주 멘토를 만나기로 하고 약속장소에 가자 멘토가 잠시 갔다 올 때가 있다고 했다.

잠깐 들른 장소는 백화점 명품 매장이었다.

"와이프가 옷 좀 입어 보라고 해서."

유명 브랜드 매장에 들어간 멘토는 직원이 건네준 코트를 입어 보았다. 사이즈와 색상을 체크하는데 직원이 이야기했다.

"저희 브랜드에서 내일 정식으로 발매하는 의상으로 전국에 두 피스가 판매될 예정입니다."

정식으로 판매도 시작하지 않은 옷을 미리 구입하셨던 것이다. 그리고 수량도 전국에 단 두 벌. 우리나라 부자들은 일반인들은 경험하지 못하는 새로운 것들을 이렇게 다양한 방법으로 접하고 있었다.

이게 불합리하다고 생각하는가? 이건 옳지 못하다고 생각하는가? 그렇다면 아직 부자가 될 마음의 준비가 덜 된 것이다. 나도 부자가 되어 이런 기회를 누릴 수 있는 사람이 되자. 나도 부자가 되어 부자들만이 가질 수 있는 특별한 기회를 가지는 사람이 되자. 이런 생각을 해야 한다. 그래야 부자가 되기 위해 노력하게 되는 것이다. 남들보다 먼저 좋은 옷을 구입할 수 있도록 연락을 받는 멘토. 나도 부자가 되어 그런 제안을 받고 싶다. 그래서 오늘도 열심히 노력한다.

천억 건물주의
건강 관리 비법

천억 건물주 멘토는 식단 관리를 철저히 한다. 멘토와 목욕탕을 함께 갔을 때였다. 멘토는 뱃살이 전혀 없었고 운동을 열심히 해서 근육이 있는 탄탄한 몸매였다. 멘토를 보자마자 "와 대단하시네요."라고 감탄을 하면서 내 뱃살에 있는 지방을 보니 한숨이 절로 나왔다.

"관리를 해야 유지할 수 있어."

멘토는 뱃살을 없애고 몸매를 유지하기 위해 어떻게 식단을 관리하고 있는지 얘기해 주셨다. 대부분 집에서는 식사시간이 되면 밥, 반찬, 국이나 찌개를 먹는다.

그러나 멘토는 달랐다. 식사시간이 되면 먼저 샐러드를 종류별로 먹어 배고픔을 없애고 포만감을 느낀 상태에서 식사를 시작하셨다.

이미 양배추, 파프리카, 당근 등으로 허기진 상태를 벗어난 상태라서 밥을 먹는 양을 조절할 수 있어서 폭식하는 경우가 없다고 한다. 밥을 소식하면서 균형 잡힌 식사를 하니 뱃살이 없는 몸매를 유지할 수 있었다. 좋은 결과를 그냥 얻는 사람이 어디 있을까? 노력하는 과정이 있고, 인고의 시간이 있으니 빛나는 결과를 맞이하는 것이다.

당장 과자와 라면을 끊어야겠다. 치킨과 맥주도 멀리해야겠다. 자장면과 짬뽕을 고민하지 말고 샐러드와 과일을 고민해야겠다.

뱃살이 나온다는 것은 먹는 것을 관리하지 않는다는 것이고 그만큼 자기관리에 소홀히 하고 있다는 증거일 것이다. 오늘부터, 아니 지금부터 다이어트를 시작하겠다. 내일로 미루면 뱃살이 더 늘어날 것 같다.

13.

천억 건물주는
슈퍼카를 탈까?

부자의 상징인 슈퍼카. 독일 3사(벤츠, BMW, 아우디)를 뛰어넘는 포르쉐, 벤틀리, 페라리, 롤스로이스 등 슈퍼카들은 이제 많이 알려져 있고 가격도 수억을 훌쩍 넘는다.

천억 건물주 멘토도 수억을 넘는 슈퍼카를 타고 다닐까? 절반은 맞고 절반은 틀리다.

멘토는 현재 벤츠에서 나온 승용차를 탄다. 차종은 마이바흐다. 벤츠에서 가장 비싼 자동차를 탄다. 자동차 제조사를 보면 슈퍼카라고 부르기는 어렵지만 자동차 가격을 보면 슈퍼카 수준이다. 신차 가격이 3억 정도하기 때문이다.

슈퍼카를 타는 사람들은 두 부류로 나뉠 것이다. 자동차 운전하는 것을 즐기고 자동차에 관심이 많은 사람과 '하차감'을 생각하며 남들에게 과시하고 잘 보이고 싶은 마음에 타는 사람.

그러나 멘토는 두 유형에 해당하지 않는다. 멘토가 마이바흐를 구입하기 전에 운전하던 차는 현대에서 나온 G90이었다. G90과 마이바흐. 편안하고 승차감이 뛰어난 차를 선호하는 것이다. 이동하는 시간 동안 쉴 수 있는 여유를 주는 차를 타는 것이다.

　멘토에게 자동차는 이동 수단일 뿐이다. 누군가에게 잘 보일 필요가 없기 때문에 남을 의식하지 않고 나한테 필요한 차를 타는 것이다. 경제력이 있어서 내가 좋아하는 차를 타는 것은 개인의 관심사이자 취미라고 볼 수 있는데 멘토는 좋아하는 차를 타기보다는 내가 타기 적당한 차를 타고 있었다.

　멘토는 평소 운전을 직접 하기도 하고 운전기사가 운전하기도 한다. 직원으로 운전기사를 고용하지 않고 출퇴근은 직접하고 이외에 이동할 일이 있으면 업체를 통해 그날 운전해 주실 기사분을 섭외한다. 사업을 하는 사람들처럼 업무적으로 이동을 자주하지 않아도 되기 때문일 것이다. 운전기사분이 운전하는 마이바흐의 뒷자리에 앉아 본 경험이 있는데 조용하고 편안하면서 성공한 느낌이 들었다. 왜 성공을 해야 하는지 이유를 알 것 같았다. 그때부터 내가 타고 싶은 차는 마이바흐다.

14.

천억 건물주는
편의점을 이용할까?

　문득 궁금해진다. 내 자산이 천억이면 매일 고급 호텔 레스토랑과 최고급 음식점에서 맛있는 식사만 할 것 같고 항상 백화점에서 명품을 쇼핑할 것 같은데 실제 천억 건물주 멘토의 생활은 어떨까?

　멘토는 우리 일반인의 생활과 다르지 않다. 필요한 것은 편의점에서 산다. 우리들처럼 과자도 좋아하고 동네 잔치 국숫집도 좋아한다. 자산규모를 모른다면 주변에서 흔하게 볼 수 있는 직장인들처럼 평범하게 지낸다.

　내가 지금 천억 건물주가 된다면 무엇이 달라질까?

　세계 일주를 하면서 시간을 보낼까? 세계 여행도 한 달 이상 하면 힘이 들고 한국 음식이 그립고 가족과 친구들이 그리워 한국으로 돌아올 것 같다. 매일 백화점 명품 쇼핑을 할까? 소유를 하면서 느끼는 쾌락은 처음 몇 번은 달콤할지 몰라도 구입 회수가 많아질수록 익숙해지면서 감흥이 떨어질 것이다. 매일 최고급 음식점에서 식사를 할까? 명품 쇼핑과 똑같이 처음 몇 번만 좋고 나중에는 한 끼 식사로만 느껴질 것이다.

　그렇다. 천억 건물주가 되어도 지금의 나와 다를 게 없다. 그럼 나는 왜 천억 건물주가 되려고 하는가? 자유를 위해서다. 온전히 나를 위해 하루

하루를 살고 싶다. 내 인생을 더 이상 남을 위해 살기 싫어서 돈을 많이 벌고 싶은 것이다. 자유로워지고 싶다.

내가 부자가 되고 싶은 이유가 자유를 위한 것이지 결핍 때문은 아닌지 생각해 보자. 결핍을 해결하기 위해 부자가 되고 싶다면 자칫 과정상에 문제가 생길 수 있다. 무엇인가를 갖고 싶은 마음은 큰데 아무리 노력해도 경제적으로 준비가 안 된다면 부정적인 방향으로 빠질 수도 있기 때문이다. 결핍은 마음의 문제로서 생각을 바로잡으면 해결할 수 있다.

자유를 위해, 내 인생의 자유를 위해 부자가 되고 싶다면 지금부터 시작하자. 한 걸음씩 매일 앞으로 나아가자. 우리는 할 수 있다.

15.

천억 건물주의
취미는 무엇일까?

대답하기 어려운 질문이 하나 있다.

'취미가 뭐야?'

운동은 몇 년 동안 안 하다가 건강이 안 좋아져서 생존을 위해 하고 있다. 회사에서 일하거나 가족들과 시간을 보내는 게 하루 일과의 전부이다. 따로 취미활동을 안 한다. 대부분의 직장인이 그럴 것이다.

천억 건물주 멘토는 취미가 무엇일까? 취미라고 하면 그것을 할 때 너무 즐겁고 평소에도 그것을 자주 생각하며, 그것을 할 때만 기다려져야 한다.

멘토의 취미는 딱히 없다. 매일 8시간 이상을 직장에서 일하고 남는 두세 시간 동안 취미활동을 하는 직장인들과 달리 멘토는 하루 종일 일을 하지 않아도 된다. 하고 싶은 일을 하루 종일 해도 된다. 그래서 업무시간과 운동시간, 지인을 만나고 가족들과 함께하는 시간을 적절하게 배분하면서 원하는 일정대로 지낸다. 하루 순간순간을 취미활동처럼 즐기는 것이다. 일하고 남는 자투리 시간 동안 좋아하는 활동을 하면서 즐거운 우리들과 달리 멘토는 하루 온종일 즐겁고 행복한 것이다.

매일 일을 해야 월급을 받을 수 있는 직장인들에게는 멘토의 생활이 먼 미래의 일처럼 느껴지지만 멘토 역시 직장인 생활부터 시작했다. 우리와 똑같던 멘토가 열심히 노력해서 지금 천억 건물주의 대열에 오른 것이다. 우리도 하루하루가 즐거운 멘토가 되기 위해 힘을 내서 앞으로 나아가 보자.

16.

천억 건물주는
어떤 시계를 찰까?

2022년 상반기까지 몇 년간 사치재의 호황기였다. 슈퍼카, 명품 시계, 명품 가방 등이 프리미엄까지 더해져서 거래되었다. 유동성 증가로 투자 시장이 좋아지고 코로나로 인한 보복소비 열풍으로 호황시기를 맞았던 럭셔리 브랜드들은 2022년 하반기 미국의 금리인상으로 소비가 위축되면서 직격탄을 맞고 지금은 대부분 프리미엄이 없어졌다.

경제상황에 대해 언급한 이유는 천억 건물주 멘토의 소비패턴의 변화가 있기 때문이다. 멘토는 2022년 상반기까지는 늘 같은 시계를 차고 다녔다. 롤렉스 시계였다. 스마트워치도 가끔 차고 다녔다. 자산 규모를 고려하면 시계에 관심이 없구나 생각했다.

2022년 중반 서서히 명품 시장의 인기가 줄어들 때 멘토가 사진을 한 장 보내셨다.

시계에서 제일 높은 등급인 하이엔드 브랜드의 시계를 구입하신 거였다. 그리고 그 이후에도 시계를 몇 개 더 구입하셨다.

멘토를 만나 새로 구입한 시계를 구경하고 차 보면서 멘토에게 명품 시계를 구입하게 된 이유를 들을 수 있었다.

'이런 시계를 전에는 시간이 갈수록 중고 시세가 떨어진다고 생각해서 관심을 가지지 않았어. 그런데 요즘에는 유명 브랜드의 인기 모델은 계속 가치가 오르더라고.'

미래에 가치가 떨어지는 자산에는 관심을 가지지 않지만 가치가 오르는 자산에는 지갑을 열고 소비하는 멘토. 어쩌면 이러한 소비 패턴이 있었기 때문에 천억 자산을 이루게 되었을 것이다.

나는 가치가 오르는 것을 구입하려고 하는가? 아니면 가치와 상관없이 갖고 싶은 것, 유행하는 것을 사고 싶은가? 가치가 오르는 것을 사는 것은 투자이지만 갖고 싶은 것을 사는 것은 소비보다 사치에 가까울 것이다. 이제는 사치보다 투자를 하도록 노력하자.

17.

천억 건물주의
인간관계의 비밀

천억 건물주 멘토와 자주 만나면서 느꼈던 점은 일상에서 마주치는 분들에게 진심으로 감사함을 전한다는 것이다. 요즘에는 사람들이 대부분 친절하고 매너가 좋다. 나도 그러기 위해 노력한다.

그런데 멘토와 일반인들은 차이가 있다.

식사를 마치고 음식점을 나서면서 나는 '감사합니다.'라고 짧게 인사하지만 멘토는 '음식이 너무 맛있네요. 감사합니다. 다음에 또 올게요.'라고 말씀하신다.

수선 맡긴 옷을 찾으러 간 매장에서 점원이 새로운 옷을 추천하면 나는 '괜찮습니다. 감사합니다.'라고 말할 텐데 멘토는 '옷이 너무 예쁘네요. 제가 입으면 잘 어울릴 것 같은데요? 예쁜 옷 추천해 주셔서 감사합니다. 제가 지금 다른 일정이 있어서 아쉽네요. 와이프한테도 너무 잘 챙겨 주신다고 꼭 이야기할게요. 감사해요.'라고 하신다.

'구체적으로 어떤 부분에서 고마움을 느끼는지 이야기하고, 마지막에는 상대방이 기분 좋아질 이야기를 한다.'

갑자기 들른 음식점이라 다음에 또 못 갈 수도 있고, 사모님께 매장 직원 이야기를 못 꺼낼 수도 있다. 그러나 그 이야기를 들은 상대방은 기분이 좋아져서 멘토의 팬이 될 것이다.

나는 하루하루 마주치는 분들을 어떻게 대하고 있을까? 진심이 담긴 한마디로 상대방이 기분 좋아지도록 신경 쓰고 있는가? 나를 마주친 누군가가 나를 좋아하도록 하고 있는가?

이러한 사소한 말 한마디, 마음가짐 하나가 나를 성공으로 이끄는 마법의 주문이 될 수 있다. 나를 만나는 분들이 전해 주는 즐거운 감정이 나에게 행운을 가져다줄 수 있다.

지금 나는 사람들에게 어떻게 말하고 마주치고 있는가?

18.

천억 건물주는
명품 옷을 입을까?

영화나 드라마에 나오는 재벌 2세들은 머리부터 발끝까지 명품 옷을 입고 다니고 백화점에서 고가의 명품 옷들을 거침없이 산다. 명품을 좋아하지 않더라도 누구나 한 번쯤 꿈꾸는 그런 장면.

천억 건물주 멘토도 명품 옷을 입는지 많이 궁금할 것이다. 과연 천억 건물주 멘토는 어떤 옷을 입을까?

천억 건물주 멘토가 유니클로에서 산 옷들을 자주 입고 뒷굽이 떨어진 구두를 10년째 신고 다닐 것 같은가? 애석하게도 멘토는 그런 분이 아니다.

신문에서 보는 CEO, 병원장 또는 로펌 대표 변호사의 이미지이며 명품을 입으신다.

사람이 명품이고, 이미지를 완성시켜 주는 옷마저도 명품이어서 성공한 사람의 이미지가 있는 것인지, 이미 성공하셨다는 것을 알고 멘토를 만나다 보니 성공한 이미지를 느끼는 것인지, 내가 좋아하고 존경하는 멘토이기 때문에 좋은 감정에서 성공한 이미지까지 함께 느끼는 것인지는 모르겠지만 멘토를 만났을 때 느낌, 이미지, 첫인상은 '성공한 사람'의 모습이다.

멘토가 명품 옷을 사러 백화점 매장을 직접 가지는 않는다. 사모님께서 사 주시는 옷만 입으신다. 그래도 시간이 많이 흐르다 보니 나와 잘 어울리는 옷, 내 마음에 드는 옷을 보는 안목이 생기셨다고 한다. 물론 최종 결정은 사모님께서 하신다.

자주 만나는 멘토가 멋진 옷을 입고 오셔서 잘 어울리신다고 말씀드리면 항상 대답은 '와이프가 골라 줬어.'다. 색상과 스타일, 전반적인 느낌 등이 모두 잘 어울리는 옷을 입으신다. 주로 명품브랜드 옷이지만 명품이 아니었어도 멋진 옷이라고 말씀드릴 만큼 잘 어울리는 옷이다. 나도 나와 잘 어울리는 색상, 스타일, 느낌의 옷을 입는다면 처음 보는 사람들이 호감을 가질 수 있을 것이다.

나의 이미지는 어떤가? 매일 반복되는 출근으로 정작 중요한 옷과 스타일에는 소홀히 하고 있지 않은가? 나를 모르는 누군가가 나를 봤을 때 성공한 전문직이나 경영자의 모습이라고 생각할까? 비싼 명품 옷을 입지는 못하지만 지금 입는 옷을 잘 관리해서 어제 산 옷처럼 깔끔하게 차려입고 있는가?

천억 건물주 멘토를 만나면서 내가 회사에서 입고 있는 옷과 평소에 하는 스타일에 대해 고민하기 시작했다. 작은 것 하나부터, 사소한 것 하나부터 변화하기 시작할 때 원하는 인생에 한 걸음 한 걸음 다가갈 수 있는 것이다.

19.

천억 건물주는
어디에서 살까?

건물 가치로 천억이 넘는 건물주 멘토는 어디에서 살까? 재벌가들이 많이 산다는 이태원이나 성북동에 있는 단독주택에서 살까? 부의 상징이었던 타워팰리스나 삼성동 아이파크 같은 주상복합아파트에 살까? 아니면 반포나 압구정에 아파트단지에 살까?

내가 살고 싶은 주거지에 천억 건물주 멘토가 살지 나도 많이 궁금했다.

멘토는 서울에서 가까운 곳에 있는 대형 평수 아파트에 산다. 직장을 다니지 않으니 출퇴근이 중요하지 않아 서울에 살지 않아도 된다. 자녀의 학군을 중요하게 생각하지 않으니 학군을 고려해서 거주지를 결정하지 않아도 된다.

멘토의 집에 가 보니 전망이 훌륭하다. 전망을 보고 구입을 결정하셨다고 하는데 거실에서 창문 밖을 보면 경치가 너무 아름다워서 힐링이 된다. 대부분 아파트를 투자 대상으로 보고 가치상승을 생각하는 데 반해 멘토는 아파트를 오로지 주거공간, 가족들과 생활하는 곳으로만 생각한다.

멘토께 '왜 강남에 좋은 아파트에서 살지 않으세요?'라고 물어본 적은 없다. 다만 이런 얘기는 들었다.

"친한 지인이 강남의 아파트 매수를 추천했다. 투자 가치 있는 아파트는 맞았다. 그러나 매수하지 않았다. 돈을 벌고 싶고 투자를 하고 싶으면 강남에 건물을 하나 더 사면 되니까."

아파트를 어떤 의미로 생각하는지 멘토의 생각을 알 수 있었다. 멘토는 가족들과 넓은 공간에서 지내면서 거실에 앉아 창 밖을 보면 탁 트인 전망이 있어서 마음이 편안해졌으면 좋겠고 집 주변이 조용하고 근처에 산이 있어서 산책을 자주 할 수 있고 서울에서 너무 멀지만 않으면 되는 곳에 위치한 아파트를 선택하여 거주한다.

20.

천억 건물주가
가장 좋아하는 책

10여 년 전 어느 날, 우연히 천억 건물주 멘토를 만나게 되었다. 처음 만나서 같이 식사를 하면서 이런저런 이야기를 하면서 서로를 알아가고 있었다.

대화 주제가 책으로 넘어가서 독서에 대해 이야기를 하였다. 멘토께 어떤 책을 가장 인상 깊게 읽었는지 질문하였다.

나폴레온 힐이 쓴《놓치고 싶지 않은 나의 꿈 나의 인생》을 가장 좋아한다고 하셨다.

이 책은 내가 제일 좋아하는 책이다. 수백 번 읽고 또 읽은 책이다. 신기했다. 지금까지 이 책을 좋아한다는 사람을 만나 본 적이 없었다. 처음 만나는 자리여서 그랬을까? 그 책이 천억 건물주 멘토에게 어떤 의미인지 물어보지 못한 채 다른 주제로 넘어갔다.

처음 만난 멘토에게 천억 대 건물주가 되는 과정에서 그 책을 어떻게 활용하여 성공했는지 물어보지 못했다. 그때 내가 더 적극적이고, 성공에 대해 갈망하고 있었다면 멘토에게 집요하게 질문하여 지금보다 더 좋은 성과를 올릴 수 있었겠지만 그렇게 하지 않았다.

중요한 것은 멘토와 내가 가장 좋아하는 책이 같다는 것이다. 이 책이 멘토에게 어떤 의미였는지, 어떻게 이 책을 활용하여 천억 건물주가 되었는지는 최근에 듣고 배우게 되었다. 이 책을 읽어 보면 성공한 사람들의 이야기가 많이 나온다. 이 책을 읽고 실천하여 성공한 또 한 명이 나의 멘토다. 그리고 나도 이 책을 읽고 실천하여 성공하고 싶다.

이 책을 따라가듯 멘토의 길을 따라가면 나 역시 성공이라는 종착지에 이를 것이라고 확신한다. 자기계발, 성공, 처세술 이러한 주제에 대해 부정적이고 회의적인 사람들이 있다. 내 주변에도 이러한 사람들이 있다. 사람들마다 생각이 다르고 가치관이 다르듯이 이 책도 누군가에게는 의미가 없는 뻔한 책일 수 있다. 다만 원하는 것을 이루고 싶은 사람, 변화된 인생을 살고자 노력하는 사람이라면 천억 건물주 멘토와 내가 똑같이 좋아하는 책인《놓치고 싶지 않은 나의 꿈 나의 인생》을 읽어 보자.

21. 천억 건물주는 평소에 무엇을 먹을까?

천억 건물주 멘토는 평소에 무엇을 먹을까? 사람들을 만나면 고급 음식점에서 비싼 음식만 먹을까? 편의점을 가 본 적은 있을까? 집에서 가족들과 좋은 음식만 먹을까?

천억 건물주 멘토에 대해 궁금한 분야 중 하나가 식사이다. '의식주' 중에 '식'.

매일 소비하지만 그래도 한 번씩 직장인들도 사치를 부리면서 욜로를 할 수 있는 '식'.

과연 천억 건물주 멘토의 '식' 소비는 어떨까?

천억 건물주 멘토는 먹고 싶은 걸 먹는다. 맛있는 게 먹고 싶으면 맛있는 걸 먹고 건강한 걸 먹어야 하면 건강한 걸 먹는다. 천억 건물주 멘토의 식사에서 '가격'은 전혀 고려 요소가 아니다.

부자가 아닌 우리들은 부자들이 먹고 있는 음식이 비싸면 가격만 보고 그들을 부러워하지만 그것은 내가 부자가 아니라서 '가격'이라는 요인을 크게 받아들였기 때문이다.

오랜 시간 줄을 서서 기다려야 해서 못 가는 맛집의 메뉴를 내가 먹고 있으면 부자들도 나를 부러워할 것이다. 부자들이 비싼 장소를 자주 가는 것은 어떻게 설명할까? 가격을 고려하지 않은 채 재료가 신선하면서 맛있고 분위기 좋으면서 조용히 얘기를 나눌 수 있는, 회사나 집에서 가까운 곳을 찾다 보니 비싼 곳에서 식사를 하게 되는 곳이다.

천억 건물주 멘토에게는 분식점에서 먹는 5천 원짜리 라면과 고급호텔에서 먹는 30만 원짜리 스테이크 모두 하루 한 끼 식사일 뿐이다.

22

천억 건물주의
시간과 핸드폰 없는 하루

천억 건물주 멘토의 존재를 아는 지인이 나에게 질문한 적이 있다.

"너는 천억 건물주 멘토가 언제 부러워?"

멘토와 시간을 보내면서 부럽다는 생각이 들었던 적이 있었는지 떠올려 봤지만 딱히 떠오르지 않았는데 문득, 그 사건이 떠올랐다.

"형석아, 이 건물을 매입할까 하는데 검토해 보고 연락 줄래?"

멘토가 투자를 고민하는 건물이 있다고 하면서 건물에 대한 정보가 담긴 자료를 보내 주셨다. 늦은 오후였기 때문에 다음 날 오전에 출근해서 열심히 검토하고 연락을 드렸다. 그런데 전화를 받지 않으셨다. 바쁘신가? 생각하고 연락을 달라고 메시지를 남겼다.

천억 건물주 멘토에게 오전 10시에 연락을 드렸고 오후 2시, 3시… 시간이 흘러갔지만 연락이 오지 않았다. 퇴근시간이 다 되었을 때쯤, 멘토에게 전화가 왔다.

"형석아, 오늘 핸드폰을 집에 두고 출근해서 이제 연락해."

그 전화 통화는 내 인생에 큰 영향을 준 사건이었다. 나는 핸드폰이 없이 하루를 지낼 수 있을까? 핸드폰을 손에 들고 출근을 하고, 핸드폰을 집에 두고 왔으면 다시 집에 가야 하고 집에 갈 수 없으면 퀵으로라도 받아야 한다. 일을 하려면 핸드폰이 필수이다.

하루 종일 핸드폰으로 분주하게 일하는 나와 핸드폰 없이 하루를 보낼 수 있는 천억 건물주 멘토. 나의 시간을 사용하기 위해 걸려오는 업무 전화들. 그리고 나의 시간을 대가로 경제적인 이득을 얻기 위해 열심히 일하는 나. 매일 내가 가진 시간을 돈으로 바꾸면서 하루를 보내고 있다. 반면 멘토는 하루 24시간을 온전히 나를 위해 사용하고 있다. 멘토가 누군가에게 도움을 받아야 하면 핸드폰으로 그에게 연락을 하면 되지만 멘토를 필요로 하고 멘토의 시간을 이용하려고 하는 사람은 없는 것이다.

핸드폰이 없는 하루. 핸드폰 없이 사는 인생. 생각만 해도 설렌다. 내가 하고 싶은 것을 하며 하루를 보내고 내 인생을 내 마음대로 살고 싶다.

오늘도 나는 누구를 위해 하루를 보냈는가? 오늘도 나는 누구를 위해 시간을 쓰고 있는가? 온전히 나를 위한 것일까? 내 월급을 위한 것일까?

23.

천억 건물주를
도와주는 전문가들

천억 건물주 멘토와 보내는 시간이 많아 지고 가까워지면서 알게 된 사실은 멘토 주변에는 멘토를 도와주는 사람들이 많다는 것이다. 내 주변에도 나를 도와줄 사람이 많다고 하는 사람도 있을 것이다. 그러나 그 도움이라는 것이 일반인이 생각하는 것과 많이 다르다.

일반인이 건물을 사려고 하면 매물을 알아보기 위해 중개법인이나 중개사 사무소들을 돌아다니면서 매물을 알아보고, 괜찮은 매물을 찾으면 은행에 가서 대출이 얼마나 나오는지 알아보고, 주변에 건물을 투자한 경험이 있거나 부동산에 대해 잘 아는 사람을 수소문해서 이 매물이 괜찮은지 물어본다. 혹시 알아보는 건물에 주택이 있으면 주택 수, 종부세 등에 영향은 없는지도 알아봐야 한다.

천억 건물주 멘토가 건물을 사려고 하면 매일 여러 건의 매물을 보내고 있는 중개사들에게 전화해서 괜찮은 매물을 몇 개 추천해 달라고 한다. 보유 건물을 관리하는 회사 직원들에게 엄선한 매물들을 현장 조사시킨다. 거래하는 주요 은행 지점장에게 전화해서 대출 가능 금액과 대출금리를 확인한다. 친한 제자로 감정평가사인 나에게 연락해서 탁상 감정평가금액과 매매가가 적정한지 의견을 듣는다. 담당 세무사에게 전화해서 세무적인 이슈가 있는지 확인한다.

일반인과 천억 건물주 멘토가 건물을 매입하는 과정에서 차이가 나는 점은 나를 도와주는 전문가들이 있느냐 없느냐이다. 각 분야 전문가들은 최고의 고객인 멘토를 위해 본인들의 노하우를 기반으로 최고의 매물을 가장 좋은 조건으로 매입할 수 있도록 도와준다.

천억 건물주 멘토를 위해 본인들의 시간을 보내는 각 분야 전문가들. 경쟁에서 이기고 매출을 올려야 하는 각 분야 직업군들은 천억 건물주 멘토라는 고객을 위해 본인이 할 수 있는 최선의 노력을 다하고 있는 것이다.

나를 위해 시간을 보내는 전문가들이 주변에 있는가? 전문가들이 진심으로 나를 도와주기 위해 최선을 다하는가?

24. 천억 건물주의 일상에서 발견한 부와 행복의 비밀

천억 건물주 멘토는 매달 보유하고 있는 건물들에서 안정적으로 임대수익이 발생한다. 내가 회사에 출근해서 하루 종일 열심히 일을 해서 받는 월급과는 다른 형태의 수익을 매달 받고 있다. 과연 이렇게 건물을 많이 보유한 자산가는 하루하루 어떻게 지낼까?

매일 고급 호텔에서 비싼 음식을 먹고 호텔 헬스장에서 운동을 하고 난후 백화점 명품 매장에서 쇼핑을 하며 하루를 보내지 않을까 상상하게 된다.

천억 건물주 멘토의 하루 일과는 아쉽게도 드라마 속 주인공과는 많이 달랐다. 건강 관리에 철저하기 때문에 좋은 호텔 헬스장에서 운동을 꾸준히 하신다. 이것은 드라마 주인공의 모습과 동일하다. 그렇지만 상상 속 인물처럼 매일 쇼핑을 하거나 흥청망청 소비를 하시는 모습은 본 적이 없다.

구체적으로 알아보면 아침에 일어나서 언론 기사를 읽어 보시고, 멘토 소유 건물에 위치하고 있는 부동산 관리 회사로 출근을 하신다. 그리고 직원들과 건물에서 발생한 각종 이슈들을 해결하면서 업무시간을 보내신다. 중간중간 공인중개사들에게 추천받는 건물 매물들을 지속적으로 모니터링하신다. 호텔 헬스장은 시간을 정해 놓고 가기보다는 시간이 날 때 가시는 것 같다. 퇴근 이후에는 주로 가까운 지인들을 만나 저녁을 함께 하신다.

10여 년 동안 가까이에서 살펴본 멘토의 하루 일과이다. 나 역시도 많이 궁금했다. 한 달에도 몇 번씩 해외여행을 갈 것 같고, 일주일에도 몇 번씩 명품 쇼핑을 하며 일 년에도 몇 번씩 슈퍼카를 바꿔 가며 살 것만 같은 자산 규모이므로 실제로 어떻게 지낼지 많이 궁금했다. 그러나 멘토도 나와 내 주변 사람들과 크게 다르지 않은 하루를 보내고 있었다.

자산의 가치를 상승시키고, 매달 수익이 발생하도록 하루 일정 시간을 투자하여 고민하고 관리하셨다. 건강을 관리하기 위해 운동을 꾸준히 하셨고 가까운 사람들과 자주 만나면서 좋은 감정을 느끼면서 하루를 보내고 계셨다. 다만 나의 일상과 다른 것은 하루 일정 시간을 투자하여 매달 발생하는 수익이 많이 차이가 났다. 건강이 중요하다고 말만 하고 운동은 전혀 안하고 있는 나와 달리 꾸준히 운동을 실천하고 계셨고, 사람들을 많이 알고 만나서 인맥을 넓혀야 좋은 정보를 얻을 수 있다고 생각하는 나와 달리 친한 사람들을 만나 즐거운 시간을 보내셨다.

부자가 높은 수익을 올리는 것은 매일 보내는 시간의 가치가 다르기 때문이고 부자가 될 수 있는 것은 생각하는 것을 실천하고 있기 때문이다. 부자가 행복한 것은 불필요한 것들은 전부 없애고 나에게 꼭 필요한 것만 유지하기 때문이 아닐까?

인생

1

효과적인 스트레스 해소법

"형석아, 요즘 내 관심은 뭔지 아니? 스트레스 해소야."

천억 건물주 멘토는 사업을 하면서 하루에도 수십 번 의사결정과 문제 해결을 해야 하고 그렇게 일정이 끝나면 많이 지친다고 하셨다. 그래서 스트레스를 해소하는 멘토만의 노하우를 계속 찾고 있다고 했다.

"일이 끝나고 오늘 쌓인 스트레스를 풀지 않고 집에 가면 노폐물이 쌓인 채로 지내는 거랑 똑같은 거야. 스트레스를 완전히 풀어야 다음 날 다시 상쾌하게 하루를 맞이할 수 있으니까."

생각해 보면 회사에서 업무 스트레스를 받고 집에 와서 기분 전환이 되지 않은 채 잠이 들면 다음 날 일어나도 즐겁지 않았다.

"일단 일이 끝나면 바로 헬스장으로 가서 유산소 운동을 계속해. 아무 생각도 안 하고 무아지경 상태에서 운동을 하다 보면 땀이 나면서 머릿속이 비워지는 게 느껴져."

물론 러닝이나 사이클 같은 유산소 운동을 하던 도중에는 힘이 들어 그만두고 싶은 생각이 든다. 그래도 그날 운동량을 마치고 나면 기분 좋게 집에 들어갈 수 있다고 했다.

"유산소 운동을 하면 신체 운동 외에도 마음이 힐링 되고 있어. 그래서 요즘에는 효과를 높이고 싶어서 호텔에서 운동을 시작한 거야. 좋은 경치를 보면서 운동하면 기분이 더 좋아질 것 같았거든."

멘토가 고급 호텔 회원권을 구입해서 운동하고 있다면서 들려준 이야기이다. 꾸준히 운동을 하면서 몸과 마음의 건강을 관리하기 때문에 멘토가 사업과 투자에서 성공할 수 있었던 것이다. 누구나 알고 있는 중요한 내용을 실천하고, 꾸준히 이어나가는 것. 성공의 기본 원칙은 우리가 모두 알고 있는 것이다. 행동으로 옮기느냐 아닌가의 차이만 있을 뿐.

멘토는 매일 꾸준히 하는 헬스 외에도 수영을 매주 두 번씩 하고, 매주 두세 번씩 친한 지인들을 만나면서 스트레스를 풀고 있다고 하셨다. 또 분기에 한 번 정도 해외로 가족여행을 가서 로밍을 안 하고 오로지 휴식만 취하고 온다고 했다.

"형석아, 나 회사 근처에서 pt 레슨받고 있는데 엄청 재미있어."

최근에는 호텔에서 운동을 하는 게 익숙해져서 운동 효과를 높이기 위해 pt 레슨을 받고 있다고 했다. 멘토는 내게 운동을 가르쳐 줄 수 있을 정도로 pt 레슨을 많이 받고 운동에 대해서 잘 알고 계셨다. 그런데 호텔에서 운동하는 게 익숙해진 것 같아서 스스로에게 좋은 변화를 주고 싶어서 새로 레슨을 받으셨고, 새로 운동을 배우는 게 너무 재미있다고 하셨다.

재미있는 취미활동으로 스트레스를 해소하는 방법을 나도 찾아봐야겠다.

2

유혹과 절제의 갈림길

천억 건물주 멘토 하면 떠오르는 이미지는 슈퍼카를 타고, 명품 쇼핑을 즐기면서 가끔은 뉴스에 나오는 재벌 2세들처럼 마약 파티를 할 것 같았다. 아니면 카지노나 도박도 즐겨 할 것 같기도 했다. 멘토와 저녁을 먹는데 뉴스에서 마약에 대한 내용이 나오고 있었다.

"형석아, 대학교를 졸업한 사람들이 뉴스에 잘 안 나오는 이유가 뭔지 알아?"

멘토는 마약이나 도박 같은 내용에 대해서는 이야기를 한 적이 없었기 때문에 어떤 내용을 말할지 궁금했다.

"대학 입시를 겪어 본 우리 같은 사람들은 인생의 선을 넘지 않거든. 저렇게 마약을 하는 사람들은 나를 통제하지 못하는 사람인 거야. 나 스스로를 절제하지 못하기 때문에 마약에 손을 댄 거고 저렇게 된 거야." 멘토는 덤덤하게 대화를 이어가셨다.

"살다 보면 많은 일들을 겪게 되거든. 나도 그동안 살면서 저런 유혹이 없었을까? 있었어. 마약이랑 도박의 유혹이 있었는데 지금 이렇게 잘 지내는 것은 인생의 선을 넘지 않았기 때문이야. 하면 안 되는 줄 알면서도 하는 일이 있고, 무슨 일이 있어도 절대 해서는 안 될 일이 있는 법이야. 술을 마시면서 이제 그만 마셔야겠다고 생각하지만 더 마시는 것은 마약, 도박이랑은 다른 거야. 마약이랑 도박은 절대 근처에도 가면 안 되는 일이야.

그런데 다행인 건 너나 나처럼 정규교육을 받고 대학 입시과정을 거쳐 대학교를 졸업한 사람들은 인생의 선을 넘지 않는다는 거야. 인내하고 절제하는 법을 중·고등학교 때 배운 거지. 달리 말하면 10년이 넘는 기간 동안 주입식 교육으로 사회에서 해서는 안 된 것들을 반복적으로 학습한 것일 수도 있고."

멘토가 사업이 한창 잘되면서 사람들과 어울리면서 다양한 유혹에 노출되었다고 한다. 마음만 먹으면 쉽게 접할 수 있는 유혹이 많았지만 내가 이 선을 넘으면 그동안 몇십 년간 이루어 놓은 것들이 한순간에 날아가 버릴 것 같은 두려움이 들어서 절대 멀리했다고 했다. 결과적으로 그 선을 지킨 사람들만 사업을 이어 나갔고 선을 넘은 사람들의 결과는 좋지 않았다고 했다.

아무리 힘들고 스트레스가 심해도 절대 넘어서는 안 되는 선은 넘지 말자. 무엇이든 정도가 지나치고 과하면 그 화는 본인에게 좋지 않은 결과로 돌아올 것이다. 쉬워 보이지만 막상 성공의 자리에서 기본 원칙을 지키는 게 쉽지 않았을 것 같다. 주변의 유혹을 뒤로하고 원칙을 지킨 멘토의 철저한 자기관리가 있었기에 지금 성공한 멘토가 있지 않았을까 생각이 든다.

3.

비즈니스 성공을 위한
이미지 관리

천억 건물주 멘토를 만나서 장소를 이동하기 위해 나서는 중 잠깐 들를 곳이 있다고 했다.

"내가 오랫동안 애용하는 안경점이야."

멘토와 함께 간 곳은 지나가면서 흔히 볼 수 있는 안경점이었다.

"지난번에 부탁드린 안경 준비 끝났나요?"

멘토는 얼마 전 새로 맞춘 안경을 찾으러 가는 길이었다. 잠시 후 구입한 안경이 나오고 멘토가 시착하는 동안 나는 안경점을 둘러보았다. 클래식한 느낌의 안경점에는 독특한 느낌의 안경테들이 있었다. 그중 마음에 드는 안경테를 골라 써 보고 나서 가격을 확인하고는 많이 놀랐다. 내가 평소에 구입하는 안경테보다 많이 비쌌던 것이다. 안경을 찾고 나오면서 멘토에게 슬쩍 물었다.

"가격이 엄청 비싼 안경테네요."

멘토는 예상한 질문이라는 듯 가볍게 웃으면서 답했다.

"동네 안경점이랑 다르게 많이 비싸지? 내가 여기에 있는 비싼 안경테를 쓰는 이유는 나하고 가장 잘 어울리는 안경이라서야. 그동안 사업을 하면서 가장 어려운 부분이 어떻게 하면 나를 사람들에게 좋은 이미지로 각인 시킬까였어. 상대방도 사람들을 많이 만날 텐데 짧은 시간에 나를 어필하는 방법을 많이 고민해서 신경썼던 게 안경이야."

명품이나 브랜드로 나를 어필하는 것은 하수들이 쓰는 전략이라고 한다. 나와 잘 어울리는 옷과 악세사리를 갖추고 품위에 맞는 행동과 매너를 지키면서 대화하는 사업가. 이러한 이미지를 보여 주는 사업가가 가장 호감이 간다고 하셨다. 그래서 가장 나다운 모습을 보여 주는 방법을 찾아서 다양한 시도를 했고, 그중 항상 착용하면서 티 나지 않게 나를 보여 주는 안경에 신경을 많이 쓰게 되셨다고 했다.

멘토의 이야기를 들으면서 새로 구입해서 착용 중인 안경을 보니 느낌이 달랐다. 일반적으로 흔히 쓰는 안경테와는 완전히 다른데 많이 튀지도 않고, 그렇다고 차분하지도 않은, 적당히 화려한 느낌이면서 멘토와 잘 어울리는 안경테를 쓰고 계셨다.

호감 가는 이미지를 완성하기 위해서는 값비싼 명품 매장을 찾지 않아도 된다고 했다. 내 이미지를 채워 가기 위해 필요한 부분이 어떤 것인지 체크해서 하나씩 바꿔야 한다고 했다. 손질이 안 되고 뒷굽이 갈린 구두, 셔츠를 입을 때마다 보이는 튀어나온 뱃살, 부스스한 헤어스타일 등 절대 조심해야 할 기본적인 이미지 관리법은 직장인들도 놓치기 쉬운 부분이다.

"호감 가는 이미지를 만드는 최고 단계는 나와 가장 잘 어울리는 스타일을 찾는 거야. 그것은 시간과 노력이 많이 필요해. 많이 알아보고 입어 보면서 내 이미지를 만들어 가다 보면 주변에서 뭔가 바뀐 거 같다, 오늘 스타일 좋다 같은 이야기를 듣게 되는 순간이 올 거야. 그럼 그때가 호감 가는 이미지를 완성시킨 거야."

사업을 한다는 것이 단순히 비즈니스만 잘하면 되는 줄 알았는데 사람을 자주 만나다 보니 호감이 가는 이미지를 만드는 노하우도 중요했던 것이다. 지금 거울을 보니 당장 미용실부터 가야겠다.

4.

스트레스를 이겨 내는
건강 관리 비법

천억 건물주 멘토를 만나서 이야기를 하다 보면 자주 등장하는 단어가 '건강'이다. 한창 열심히 일할 시기에 있는 내게 많은 조언을 해 주시는 멘토가 빠지지 않고 중요하게 생각하는 분야이다. 어떤 주제든지 잠깐씩 등장하는 감초 같은 주제가 건강이었다.

"지금 바쁘고 정신 없이 일하는 것도 너무 중요하지만 건강은 관리해야 유지할 수 있어."

부모님에게 자주 들을 것 같은 이 내용을 멘토가 자주 언급하는 이유를 안 것은 한참 후에 일이다.

"직장 생활을 할 때 너무 일이 많아서 정신 없이 일만 했던 것 같아. 그렇게 몇 날 며칠 일만 매달려서 성과도 좋고 인정도 받으면서 자리를 잡아 가고 있었어. 그러다 문득 건강에 이상이 온 것 같은 느낌이 온 거야. 그래도 마감일이 있으니 일을 계속 했지. 시간이 지나면서 몸이 안 좋아졌다는 생각이 들었어. 일은 항상 쌓여 있었고, 줄어들지 않았어. 아 이러다 큰일 나겠는데? 이 생각이 불현듯 스쳐 지나가고 살아야겠다는 생각에 그날 바로 사직서를 제출했어."

업무 강도가 높은 일을 몇 년간 쉼 없이 처리해 온 멘토는 건강이 보내는 이상 신호를 뒤로하고 일만 하셨다. 그러다 어느 날, 이러다가는 최악의 상황이 올 것 같은 불안감과 두려움이 들어서 과감하게 회사를 그만두셨다고 했다. 누구나 다니고 싶어 하는 직장에서 일을 잘한다는 평판을 받는 직장인은 압도적인 업무량을 소화하면서 그 자리를 이어 가는 것이다. 하지만 과도한 업무량이 몇 년간 이어지면 건강이 나빠지기 시작하는 것이다.

"몇 년간 쌓아 온 커리어와 평판을 사직서 한 번으로 없애 버린 그때 그 결정을 지금껏 단 한 번도 후회한 적이 없어."

직장 다닐 때 가깝게 지내던 후배가 과도한 업무로 과로사를 했다는 소식을 얼마 전 듣고 마음이 많이 아프셨다고 했다.

"그 후배도 나처럼 열심히 일하고 열정이 넘쳤었거든. 내가 퇴사하고 나서도 그 후배 잘나간다는 소식은 간간히 들었는데, 그만큼 일을 많이 했다는 얘기겠지."

멘토가 건강을 자주 이야기하는 이유를 그제서야 알 수 있었다. 누구나 소중한 줄 알지만 소홀해지기 쉬운 게 건강이다. 바쁘다는 평계로, 시간이 없다는 변명을 대면서 운동을 피하려고 한다. 힘들고 스트레스가 많다는 이유를 대면서 몸에 좋지 않은 술과 담배를 곁에 두려고 한다. 이제는 중요한 것들을 하나씩 실천해 나가야겠다. 내 건강은 내가 지켜야 하고 관리해야 유지할 수 있는 것이니.

5. 감사함을 전하는 표현의 가치

천억 건물주 멘토와 저녁 식사를 하고 있었다. 멘토가 자주 가는 음식점이어서 직원들은 멘토에게 친절하게 인사하고 가볍게 근황에 대해 이야기도 나누었다. 식사를 하던 도중에 우리 테이블을 담당하는 직원은 틈틈이 서비스 음식을 챙겨 주었다. 그렇게 식사 자리가 마무리되자 멘토는 직원에게 감사하다며 팁을 줬다.

"형석아, 중요한 식사자리에서 담당 직원에게 잘 부탁한다는 의미로 팁을 드리는 것은 먼저 베풀고 좋은 서비스를 받겠다는 의미인 거야. 그럴 때에는 미리 봉투에 현금을 넣어서 드리게 되면 같이 식사하는 사람들에게 이 만남을 소중하게 생각하고 미리 준비했다는 느낌을 줄 수 있어. 직원에게도 격식을 갖춘다는 생각이 들고.

오늘처럼 식사자리에서 감사한 상황이 오면 그냥 감사하다는 말만 하지 말고 감사함을 팁으로 표현하는 거야. 그래야 직원도 내가 열심히 일했다는 것을 손님이 느껴서 지갑을 꺼내어 보답을 한다고 생각해. 그냥 고맙다고 인사만 하고 나가면 직원은 내가 열심히 모신 손님이 다른 손님과 똑같이 고맙다고 인사만 했기 때문에 그 손님이 다시 방문하더라도 다른 손님과 똑같이 대하게 되는 거야.

사업을 하다 보면 고마운 상황들이 많이 생겨. 은행 담당자가 신경 써서 예상했던 것보다 대출 금리가 낮아졌으면 고맙다고 말만 하지 말고 인사 고가에 도움이 되는 금융 상품을 더 가입해 주거나, 다른 고객을 소개해 줘서 고객인 내가 감사해하고 있다는 것을 상대방이 알게 해 줘야 해.

그리고 업무로 고마운 상황에서는 상대가 업무적으로 필요한 부분을 도와주는 게 가장 자연스러우면서 큰 도움일 수 있어. 내 주변 지인을 소개해 주는 게 나에게는 어렵지 않지만 업무 파트너는 매일 고민하는 부분을 해결해 주는 거라 많이 고마운 거거든.

중요한 것은 고마우면 고맙다고 말만 하지 말고 눈으로 보여지는 무언가로 고마움을 표현해야 한다는 거야. 어떤 방법으로 고마움을 표현하는 게 좋을지는 상황과 상대방에 맞게 고민해서 결정하면 되는 거고, 고민을 많이 해서 행동으로 옮기면 상대방 역시 고마워하게 될 거야."

멘토 주변에 좋은 사람들이 많이 있고, 사업으로 성공할 수 있었던 것은 많은 사람들이 놓치는 사소한 것까지 실천하기 때문에 주변 사람들이 감동해서 멘토를 도와줬기 때문이 아닐까 생각된다.

6.

성공한 사람들의
흔적과 책으로 만나는 멘토

천억 건물주 멘토를 만나고 가까이 지내면서 내 인생이 변화하기 시작했다. 천억 건물주 멘토라는 거창한 타이틀, 이루기 어려워 보이는 타이틀을 가지고 계시지만 내게는 10년 동안 알고 지낸 친한 지인이다. 공통 관심사가 많아서 같이 있으면 즐겁고 자주 보고 싶은 지인인 것이다.

멘토에게 배우는 건물 투자에 대한 노하우는 책이나 유튜브로 접할 수 없는 노하우이기 때문에 집중해서 듣고 배운다. 신기한 것은 멘토께서 이룬 결과물, 천억 대 규모의 건물이 지금 내게는 이룰 수 없는 꿈이나 허망한 목표가 아니라는 점이다. '나도 노력하면 내가 좋아하는 멘토처럼 될 수 있겠다.'는 생각을 한다. 나아가서 '나도 멘토처럼 될 수 있다.'는 자신감이 든다. 내가 자주 만나면서 많이 배우고 있는 멘토가 저기 멀리 보이는 높은 산봉우리 어딘가가 아니라 내가 한 발 내디디면 닿을 것 같은 내 가까운 곳 어딘가로 느껴지는 것이다.

멘토가 있어서 배울 수 있다는 점은 일차원적인 장점인 것 같다. 멘토가 있고 멘토와 친하게 지내다 보면 나도 멘토처럼 될 수 있다는 생각을 하고, 나도 멘토처럼 잘할 수 있다는 자신감이 생긴다는 점이 가장 큰 장점이다. 생각의 차이가 다른 결과를 가져오고 마음가짐의 차이로 성공과 실패가 나뉘는 것처럼 멘토라는 존재가 있고 그 존재를 통해 성공이라는 목표점을 다른 관점에서 볼 수 있게 된다면 그만큼 성공할 확률이 높아지는 것이다.

그렇다면 멘토는 어디서 만나야 할까? 나도 천억 건물주 멘토처럼 훌륭한 분을 만나 배우고 싶고 가깝게 지내고 싶다면 어떻게 해야 할까? 지금 당장 성공한 멘토를 만나긴 어려울 것이다.

방법은 있다. 서점에 가서 멘토로 삼을 만큼 성공한 사람들이 쓴 책을 읽는 것이다. 스테디셀러라고 불리는 명작 책을 몇 번 읽어 보고 책이 별로라고 하지 말자. 책을 수십 번 읽어 보자. 내용을 다 기억하고 바로 이야기할 수 있을 만큼 읽어야 그 책을 제대로 읽었다고 할 수 있다. 수십 번 읽다 보면 성공한 저자의 생각을 배울 수 있다. 처음 한 권의 책을 완전히 내 것으로 만들기 위해 생각하면서 읽는다. 그렇게 한 권의 책으로 성공한 사람을 나의 멘토로 삼을 수 있다. 그 이후에는 계속 다른 책들도 수십 번 읽으면서 멘토를 늘려 나가면 된다.

7. **미래의 나를 위해**
지금부터 시작하는 변화의 순간

인생에서 가장 중요한 것은 무엇일까? 사람마다 가치관에 따라 다양할 것이다. '나는 하루 종일 누군가를 위해 일하면서 살고 싶지 않다. 나는 하루 종일 내가 하고 싶은 것을 하면서 살고 싶다.' 이 문장에는 모든 사람들이 동의할 것이다. 경제적으로 자립을 원하는 파이어족도 목표하는 게 똑같다. 내가 하고 싶은 것을 하면서 사는 파이어족이 되기 위해서는 돈을 많이 벌어야 한다. 그래서 내가 일해서 버는 돈으로 매달 수익으로 나오는 금융 상품이나 부동산에 투자를 해야 한다.

천억 건물주 멘토와 함께 지내면서 느끼는 점은 금융 상품이나 부동산을 매수하여 매달 수익을 발생하기 위해서는 평소에 생각하는 노력 그 이상이 필요하다는 것이다. 매달 월급이 얼마니까 이 돈을 얼마 모아서 어떤 자산을 구입하고. 이러한 생각의 흐름이 아닌 것이다.

다시 처음으로 돌아가야 한다. 20대 초반으로 돌아가 보자. 그때에는 무엇이든 할 수 있을 것 같았다. 꿈이 있고 열정이 있었다. 그때로 돌아가야 한다. 다시 젊은 시절로 돌아가서 패기와 끈기로 힘든 길을 걸어가 보자. 지금 내 상황에서 할 수 있는 일, 다음 달에도 내년에도 할 수 있는 일

말고 내년에는 힘들어서 하기 힘든 일을 지금 바로 도전해 보고 시도해 보자. 지금 할 수 있는 일 말고, 꿈을 이루기 위해 해야 하는 일을 지금 시작해 보자.

지금 할 수 있는 일을 하면 10년 후에도 일을 하면서 살아야 하지만, 지금 해야 하는 일을 시작하면 3년 후에는 그토록 원하는 파이어 인생을 살 수 있다. 어떤가? 지금부터 시작하지 않겠는가?

8.

천억 건물주의
부자가 되는 비밀

천억 건물주 멘토가 조언하는 부자가 되는 방법은 다음과 같다.

첫째, 사업을 해야 한다. 자기가 잘할 수 있는 사업을 시작한다. 그리고 사업이 잘되도록 극한의 노력을 한다. 그 후 그 노력을 몇 년 동안 참고 계속한다. 그럼 어느 순간 사업이 자리를 잡게 될 것이다.

둘째, 건물 투자를 해야 한다. 사업으로 돈을 벌게 되면 건물 투자를 하자. 사업 소득보다 건물 가치 상승으로 인한 소득이 더 크다. 그러니 사업으로 돈을 벌게 되면 바로 건물을 사자. 사무실 임대료로 나갈 돈이 건물 대출 이자로 나갈 것이다. 그 돈이 그 돈으로 보일지 몰라도 몇 년이 지나 보면 그 차이는 어마 어마할 것이다.

셋째, 건물 투자를 계속 늘려 간다. 사업이 자리가 잡혀서 건물을 매입했으면 건물 투자를 계속한다. 사업으로 수익이 계속 발생한다면 추가로 건물을 매입하는 것이다. 명심하자. 건물이 벌어들이는 돈이 사업으로 버는 돈보다 훨씬 클 것이니, 현금 흐름 창구를 늘리는 것이다.

세 가지 비결을 모두 실천하면 부자가 된다. 내 사업을 시작하고, 내 사업을 키워 나가고, 내 사업이 자리잡는 첫 번째 단계도 너무 커 보인다.

아직 갈 길이 멀고 마음의 준비가 덜 되어 있기 때문에 중요한 명제가 쉽게 와닿지 않는 거겠지. 조금 더 공부하고 준비하자.

9.

평범한 나도
천억 건물주가 될 수 있을까?

우리도 천억 건물주 멘토처럼 될 수 있을까? 그분도 우리처럼 평범한 직장인부터 시작해서 혼자 힘으로 천억 건물주가 되었다. 그래도 난 안 된다고 생각하는가? 그럼 그냥 지금처럼 평범한 직장인으로서 이직을 고민하고, 은퇴하면 무엇을 할지 고민하면서 친구들과 신세한탄만 하며 지내라. 지금 이 글을 보고 누군가는 그래 나도 한번 해 보자 생각하며 다짐을 하는 사람도 있을 것이다. 나랑 똑같은 사람이 해냈다면 나라고 못할 이유가 없지 않은가? 까짓것 해 보자. 이런 단순한 생각이 당신을 자산가로 이끄는 것이다.

천억 건물주가 되려면 어떻게 해야 할까? 멘토가 천억 자산을 이루기 위해 열심히 노력했던 것처럼 우리도 열심히 노력하면 된다. 열심히 노력을 하면 멘토처럼 될 수 있다고 했는데 우리가 할 일은 그 방법을 배우는 것이다. 멘토의 길, 자산가가 되는 방법을 배우고 그대로 실천하면 우리도 천억 건물주가 될 수 있다.

멘토의 생각을 따라 하고 멘토의 행동을 따라 하고 멘토의 경제활동을 따라 하는 것이다. 성공한 사람처럼 되기 위해 그 사람의 생각까지 닮으려고 노력하는 것이다.

어떤가? 몇 년 동안 고생해서 몇십 년을 편하게 살 수 있다면 몇 년을 버틸 각오가 되어 있는가? 인생 밑바닥에서 처음 겪는 고통을 참고 견디며 몇 년을 멘토가 했던 생각과 행동과 경제활동을 따라 하는 것이다.

그렇게 해서 내가 멘토와 똑같은 사람이 된다면 나도 멘토처럼 천억 건물주가 될 수 있는 것이다. 천억 건물주가 안 되면 어떻게 하냐고? 걱정 말자. 천억 건물주가 되는 미션을 실패하면 오백억 건물주가 되어 행복하게 지내고 있을 것이니.

10.
천억 건물주의
성공과 행복을 위한 희생

모든 부모는 자녀를 사랑한다. 그래서 오랜 시간 함께하고 싶다. 그러나 현실은 다르다. 회사를 가야 하고 일을 해야 해서 어쩔 수 없이 아이와 떨어지게 된다. 행복해지고 싶어서 돈을 벌고 돈을 벌기 위해 행복과 멀어지는 것이다.

멘토와 자녀 교육에 대해 이야기할 때였다.

"형석아, 애들이 너무 사랑스러워서 많이 보고 싶지? 지금 많이 보고 싶어도 참고 하루 종일 일만 해야 해. 그렇게 몇 년간 네가 하는 일과 사업에서 자리를 잡으면 아이가 컸을 때 하루 종일 함께할 수도 있고 해외여행도 원할 때 마음껏 갈 수도 있어."

멘토는 사업을 할 때 치열하게 하루하루 보냈기 때문에 밤늦게 퇴근하고 새벽에 출근해서 아이를 못 봤다고 한다. 주말에도 하루는 회사에 출근해서 주중에 못 한 일을 하느라 아이는 일주일에 하루만 온전히 함께할 수 있었다고 한다. 한참 귀엽고 예쁜 아이를 못 봐서 많이 속상하기도 하고 돈을 벌려고 이렇게까지 해야 할까 싶기도 했지만 사업을 성공하겠다는 일념으로 버티고 버텨 결국 지금까지 오게 되었다고 했다.

멘토는 제일 중요한 시기에 값진 희생을 했기 때문에 성공한 것이다. 그때의 고난으로 지금은 원하는 삶을 살 수 있게 된 것이다.

11. 천억 건물주의
자녀를 위한 경제 교육

멘토는 직장인 생활을 하다가 사업을 시작해서 성공하고 건물 투자로 부를 일군 전형적인 자수성가형이다. 그래서일까? 멘토 집에 초대받아서 갔을 때 자녀의 책상에 경제 교육과 관련된 책들이 여러 권 있었다. 주로 미국에서 출판한 유명한 경제 교육 책이었고, 한국어 번역본도 함께 있었다.

"경제 개념은 중요해서 어릴 때부터 분명하게 알려 주는 게 필요해."

멘토가 자녀에게 경제에 대해 일찍 알려 주는 이유였다. 멘토가 자녀에게 알려 주려고 하는 경제적인 내용은 미국에서 흔하게 볼 수 있는 경제시스템이다. 10명의 사람에게 각각 10달러의 가치를 제공하면 100달러를 받고 한 명에게 100달러의 가치를 제공하면 100달러를 대가로 받는 것. 아주 기본적인 내용들이지만 미국 학생들이 배우는 것과 같은 책으로도 배우고 한국어로 해설된 책으로도 공부한다. 일을 한 만큼, 가치를 제공한 만큼 대가를 받고 더 큰 성공을 하기 위해 더 힘든 노력을 해야 한다는 가르침을 멘토의 자녀는 어릴 적부터 배우고 있었다.

"이 책을 같이 읽으면서 내가 힘들게 사업하면서 깨달은 내용들을 아이가 습득하도록 알려 주고 있어. 어릴 때부터 교육해야 평생 기억할 수 있거든."

멘토는 자녀가 노력하지 않으면서 많은 대가를 바라는 인생을 살지 않기를 원했다. 원하는 것을 얻기 위해 치열하게 부딪히고 싸워서 승리하길 바라고 있었다. 자녀에게 물고기를 잡아 주는 게 아니라 물고기를 잡는 방법을 알려 주고 있었다. 물고기를 많이 잡는 어부는 열심히 일을 한다는 것. 그리고 다른 어부와 경쟁에서 이겨야 물고기를 많이 잡을 수 있다는 것. 그리고 혼자 잡지 말고 직원들을 고용해서 사업화시켜야 물고기를 많이 잡아 원하는 목표를 이룰 수 있다는 점 등을 자녀에게 가르쳤다.

성공한 부모는 자녀를 가르치는 것도 달랐다. 자녀에게 꼭 필요한 내용을 책을 같이 읽으면서 설명해 줬다. 자녀도 재미있게 들을 수밖에 없을 것이다. 나도 아이가 크면 꼭 알려 줘야겠다.

12. 천억 건물주의
자녀가 배우는 건물 투자 교육

천억 건물주 멘토는 사업으로 성공해서 부동산 투자자의 길을 걷고 있다.

부동산 중에서도 건물을 여러 채 소유하면서 임대 수익과 가치 상승을 누리고 있다.

이렇게 건물 투자도 성공한 멘토가 자녀에게 부동산에 대해 교육을 시킬지 궁금했다.

어느 날, 자녀 교육에 대해 이야기가 나왔다.

"건물을 보러 가고 계약하러 갈 때 자녀도 함께 가서 모든 과정을 함께 해. 부동산 투자를 어릴 때부터 직접 눈으로 보고 배우게 하고 있어."

멘토는 대부분의 부모와는 다를 것 같았는데 예상이 맞았다. 아직 어린 자녀에게 꾸준히 부동산을 교육시키고 있었다. 이론적인 내용, 기초적인 내용을 설명하거나 얘기해 주는 것이 아니라, 건물을 알아보고, 직접 현장에서 검토하고, 계약하는 전 과정을 자녀와 함께했다.

이보다 더 훌륭한 교육이 있을까? 건물을 많이 보유하고 있는 부모님이 어떤 건물들을 알아보는지, 구입할 때 어떤 부분을 중요하게 생각하는지, 계약하는 모습은 어떤지, 어떤 분위기에서 어떤 대화가 오가면서 계약을 하는지 나와 가장 가까운 부모님을 통해 자녀는 간접 체험을 하고 있는 것이었다. 멘토의 자녀가 대학생이 되면 다른 친구들이 취직을 생각하고, 회사원 생활을 하다가, 은퇴할 시점이 되면 노후를 대비하기 위해 임대 소득을 목적으로 건물을 알아볼 때 멘토의 자녀는 대학을 졸업하면서 건물을 구입하는 방법을 알아볼 것이다. 구입 자금을 마련하기 위해 오랜 준비기간을 가질 수 있겠지만 목표가 확실한 자녀는 늦어도 30대에는 건물을 소유하는 게 가능할 것 같았다. 분명한 목표가 있어서 이를 위해 철저한 계획을 세우고 해낼 수 있다는 자신감을 가진다면 가능할 것이다.

이게 바로 가장 이상적인 교육이 아닐까 싶다. 내가 못 이룬 명문대의 꿈을 자녀에게 강요하거나 지인들 사이에서 자랑하고 뽐내기 위해 자녀에게 명문대를 준비시키는 것이 아니라 가장 현실적이고 중요한 경제적인 자유를 위해 어릴 때부터 가능한 최고의 교육을 시키는 것. 천억 건물주 멘토만 할 수 있는 교육은 아닐 것이다. 지금부터 아이들에게 어떤 교육을 시킬지 다시 고민해야겠다.

13.   부모가 자녀에게 주는
최고의 선물은 교육

자녀를 사랑하는 부모의 마음은 똑같다. 모든 것을 다 해 주고 싶은 마음이다. 아이가 잘 크도록 도와줘서 원하는 일을 하길 바란다.

어느 날 멘토가 물었다.

"형석아, 네가 자녀를 아끼는 거 잘 안다. 너는 자녀에게 무엇을 주고 싶으니?"

마음속으로는 '건물을 주고 싶습니다.' 하고 싶었다. '자녀에게 줄 수 있는 최고의 선물은 교육이야.'

멘토는 대화를 이어 나갔다.

"형석이 너는 열심히 해서 원하는 부를 이루겠지만, 그 부를 자녀에게 물려준다고 자녀가 행복해지는 것은 아니야. 자녀는 자신의 노력으로 일군 자산이 아니기 때문에 부모가 생각하는 것만큼 소중하지 않거든. 그냥 부모가 힘들게 번 돈으로 만든 자산을 나한테 주셨구나. 딱 이만큼만 생각하는 거야. 자녀가 올바른 생각을 가지고 있어서 이 자산을 이용해서 자산 규모를 늘려가야겠다.

하면서 여러 가지 투자를 하고 사업을 할 수도 있을 거야. 그런데 사람

일이라는 게 아무도 모르는 거잖아. 만약 열심히 했는데도 결과가 좋지 않으면?

자녀는 부모의 자산을 잃었다는 자책감으로 많이 힘들어할 거야. 다시 시작하기 어려울 수도 있을 거야.

물론 이보다 안 좋은 상황도 있을 수 있지. 부모가 없으면 자녀들끼리 유산을 가지고 소송을 하면서 사이가 멀어질 수도 있고 부모의 자산으로 편하게 살려고 자녀들이 노력을 안 하는 문제가 생길 수도 있어.

그래서 교육이 중요한 거야. 자녀들에게 제대로 교육을 시켜서 올바른 생각을 가지고 있으면 지금까지 이야기한 온갖 문제들은 전혀 일어나지 않아."

멘토가 자녀를 유학 보내려고 하는 것도 미국에서 제대로 된 경제 교육을 받았으면 하는 바람이었다. 미국에서는 자수성가한 부자들이 자산을 모두 사회에 기부하고 자녀들은 평범한 인생을 사는 모습을 흔하게 본다. 부모의 돈은 부모의 돈이므로 부모가 생각하는 대로 쓰면 그만인 거지 그 돈이 자녀의 돈이 될 수 없는 것이다. 경제 교육을 올바르게 받았기 때문일 것이다.

지금부터 아이가 어떤 교육을 받게 할지 고민해 봐야 할 것 같다.

14.

천억 건물주가
자녀의 하루를 함께하는 소중한 시간

천억 건물주 멘토와 함께 저녁을 먹다 보면 멘토의 자녀에게 자주 전화가 온다.

"아빠, 오늘 학교에서~~~"

또래 친구들이 이야기하듯이 자녀가 학교에서 있었던 일들을 설명한다. 그럼 멘토는 자녀와 그 내용들에 대해 이야기를 한다.

그리고 멘토는 질문한다.

"자녀야, 오늘 good 뉴스와 bad 뉴스는 뭐야?"

자녀에게 그날 있었던 좋은 일과 안 좋은 일을 물어보는 거였다. 좋은 일을 들으면 축하해 주고 응원해 주셨다. 안 좋은 일을 들으면 격려하고 위로해 주셨다.

평소에 대화를 자주하고, 일상을 함께 공유하면서 전화로 그날 일들을 자세히 이야기하는 것도 신기했고, 그날 있었던 좋은 일과 안 좋은 일을 주제로 꺼내면서 자녀가 하루 일과를 스스로 체크하면서 시간이 흘러가는 대로 따라가는 게 아니라 본인이 주도권을 잡고서 하루를 보내는 느낌이 들었다. 오늘은 이점이 좋지 않아서 내일은 이렇게 하겠다. bad 뉴스를 이야기하면서 자녀가 멘토에게 말하는 것인데 실제로 성인들이 들어 보면 아주 사소한 내용들이다. 그러나 자녀에게는 중요한 내용들이었고, 멘토는 무게감을 느끼면서 자녀와 같이 공감해 주고 함께해 주고 있었다.

나의 하루하루가 소중하다는 것을 부모가 자녀 옆에서 함께하면서 깨닫게 해 주고 있었다. 매일 좋은 일과 좋지 않은 일, 다양한 일들이 있지만 앞으로 좋은 일들이 많아지도록 순간순간 최선을 다하는 것. 자녀가 이런 생각을 스스로 한다면 성공적인 교육이지 않을까?

15.

천억 건물주의
자녀가 그린 행복한 미래

천억 건물주 멘토의 집을 구경하면서 놀랐던 적이 있다. 넓고 예쁜 집 한 편에 아이가 그린 그림이 여러 장 붙어 있었다.

집을 구경하다가 신기한 그림에 잠시 멈춰 구경하자 멘토가 설명해 줬다.

"우리 아이가 직접 그린 그림이야. 우리 가족이 소유할 빌딩들이야."

가족들이 한 명씩 소유하게 될 빌딩이라고 했다. 잠실에 있는 롯데 시그니엘처럼 층고가 상당히 높은 빌딩이었다.

멘토의 자녀는 이런 몇천 억 하는 빌딩을 가족이 한 명씩 소유하는 게 꿈이라고 했다.

"이 빌딩은 엄마 것이고…."

자녀는 신이 나서 각 그림에 대해 설명했다. 자녀는 웃고 있었고 행복해 보였다.

그림이 스케치북에 색연필로 그려진 것을 보면 초등학교 입학 전에 그린 것 같은데 몇 년 동안 집 한 켠을 차지하면서 자녀에게 꿈을 키워 주고 있었다.

꿈을 시각화해서 구체적으로 그림을 그릴 수 있다면 성공에 가까워진다.

책에서 흔하게 보는 내용을 멘토는 집에서 실천하고 있었다.

몇천 억이 넘는 빌딩을 여러 채 소유하는 꿈을 이루기 위해 열심히 노력한 멘토의 자녀가 나중에 시간이 한참 지나서 몇천 억 건물 한 채나 또는 몇백 억 건물 몇 채를 소유한다면 멘토와 같이 경제적으로 자유로운 인생을 살 것이다.

멘토의 자녀가 꿈을 꾸게 만들고 노력할 수 있게 하는 건 집에 걸려 있는 몇 장의 그림이다.

지저분하다고 책상 서랍 어딘가에 놓이거나 매일 그리는 그림인데 하면서 버려질 수도 있는 종이 몇 장이 사실은 자녀의 꿈을 표현한 거고 자녀가 너무 이루고 싶고 되고 싶은 내용이라면 자녀가 소중한 것처럼 자녀가 그린 꿈의 기록을 집 한쪽에 걸어 놓는 것도 좋은 방법이다.

16

나를 좋아하는 사람은
20%밖에 안 된다

평범한 평일 저녁, 천억 건물주 멘토와 저녁식사를 하고 있는 중이었다.

"형석아, 회사 다니기 많이 힘들지? 회사 다니면서 제일 힘든 게 뭐야?"

멘토의 질문을 들으니 최근에 가까스로 끝낸 업무와 다음 달에 시작할 프로젝트가 떠올랐다. 내년에 있을 인사평가도 신경이 쓰이기에 어떤 것을 말씀드릴까 고민이 되었다.

"직장인들이 제일 어렵고 힘든 부분이 바로 사람을 만나고 사람을 대하는 거야. 하루 종일 직장에서 같이 일하고 대화하고 밥 먹는 선후배와 동료에 대해서 가장 많이 신경 쓰고 스트레스를 받기 마련이거든."

멘토의 이야기가 맞았다. 학생일 때에는 나만 열심히 공부하고 최선을 다하면 되는 줄 알았는데 회사에 들어오니 결국은 사람이 제일 중요했다. 업무 능력이나 성과, 성실성, 자기계발 등은 사람들과 잘 지내면 좋은 평가를 받기 마련이었다. 같은 성과물도 누가 했느냐에 따라 평가가 나뉘는 게 회사이고 조직이었다.

"그럼 지금부터 직장인의 고질병인 회사에서 사람들에게 받는 스트레스를 없애는 비법을 알려 줄게. 한 가지만 명심하면 돼. '나를 좋아하는 사람은 20%, 나를 싫어하는 사람은 20%, 나를 좋아하지도 싫어하지도 않으며 내게 관심이 없는 사람은 60%'라는 사실이야."

처음 들어보는 내용이라 멘토의 말에 더 집중해서 듣게 되었다.

"회사에서 많은 사람들이 있다 보면 나를 싫어하는 사람들이 있게 되고, 그 사람이 나보다 직급이 높고 업무상 관련되어 있어서 자주 보게 되면 스트레스를 심하게 받게 돼. 그런데 아까 얘기한 이론대로 생각해 보면 나를 싫어하는 그 선배는 나를 싫어하는 20%이거나 나에게 전혀 관심 없는 60%이거나 둘 중에 하나야. 중요한 것은 나를 싫어하는 20%에 해당해서 열심히 그 선배와 친해지려고 노력해서 가까워지고 사이가 좋아지면 나를 싫어하는 또 다른 한 명이 20%에 들어가게 된다는 거야. 결국 확률적으로 20%는 나를 싫어한다는 거야.

이제는 생각을 바꿔. 회사에서 나를 싫어하는 것처럼 보이는 동료는 실제로 나에게 전혀 관심이 없는 60%에 해당할 확률이 높아. 나를 싫어하는 20%에 해당해도 어차피 이 사람이 아니라도 누군가는 나를 싫어할 수 있다는 것을 받아들이는 거야. 그리고는 나를 좋아하는 20%의 사람들을 생각하면서 회사를 다니는 거야. 이건 형석이에게만 적용되는 내용이 아니라 모든 사람들에게 해당하는 거야. 나를 싫어하는 누군가도 똑같기 때문에 20%는 그를 싫어하고 있어."

멘토의 이야기를 듣고 보니 다 맞는 말이었다. 얼마 전 회사에서 누군가 나를 험담한다는 이야기를 들었을 때 극도의 스트레스를 받으며 어떻게 이 상황을 이겨 내야 할지 고민을 많이 했던 기억이 났다. 멘토의 조언을 듣고 난 이후였다면 나를 험담한 그분이 나를 싫어하는 20%구나 생각했을 거다. 어차피 나에 대한 그분의 생각을 바꾸기 위해 다양한 노력을 하더라도 그분을 대신해 누군가는 나를 싫어할 수 있기 때문에 물 흐르듯이 자연스레 넘어갔을 것이다.

이직도 많이 하는 요즘 시기에 회사의 중요성이 낮아지고 있고, 그 회사에 많은 구성원 중에 한두 명을 크게 신경 쓰면서 스트레스를 받기에는 세상이 많이 변하고 있다. 멘토의 조언을 기억하면서 회사에서 사람에게 받는 스트레스는 없도록 해야겠다.

17. 인생은 운칠기삼이다

천억 건물주 멘토와 카페에서 만나 근황에 대해 이야기하고 있었다.

"형석아, 성공하는 데 꼭 필요한 게 무엇일까?"

멘토가 갑자기 성공에 대한 질문을 하자 살짝 당황했지만 평소 생각했던 내용들을 말씀드렸다.

"목표를 세우고 상세한 계획을 세워서 실천을 하면서 실패하더라도 계속 새로운 도전을 하는 것이요."

"형석이 이야기도 맞아. 내가 요즘 생각하는 성공의 가장 중요한 요인이 있어. 바로 '운'이야."

멘토에게 인생과 사업에 대해 수년간 많이 배우고 있었는데 처음 듣는 내용이라서 어떤 뜻일지 궁금해졌다.

"내가 처음 건물에 투자할 수 있었던 것은 대출을 많이 받을 수 있었고 금리가 낮았기 때문이었어. 그래서 그 당시 투자한 아파트들을 모두 정리하고 건물을 매입했던 거야. 아파트들을 매각하고 남은 돈으로 자기자본을 충당할 수 있었고, 건물에서 나오는 임대료로 대출 이자를 내고 남는 돈으로 여유롭게 생활을 할 수 있었거든.

만약에 건물을 매입할 당시에 대출이 많이 안 나오거나 대출 이자가 높았으면 지금과 같은 건물 투자자의 인생을 살기는 어려웠을 거야. 그래서 요즘에는 내가 운이 좋게도 좋은 시기에 투자를 시작했구나 싶어. 운칠기삼이라는 말 들어봤지? 결국 성공은 운에 의해서 결정되더라고."

천억 건물주 멘토가 이야기하는 '운'. 멘토의 이야기를 듣다 보니 우리가 흔히 생각하는 '운'과는 다른 느낌이었다. 운이 좋다고 하면 흔히 로또에 당첨되거나 길에서 현금을 줍는 것과 같이 갑자기 찾아온 큰 행운을 생각하기 마련이다.

그런데 멘토가 조언하는 '운'은 열심히 노력하고 준비된 사람이 예상한 것보다 좋은 성과를 빨리 이루어 낸 느낌이었다. 멘토는 사업을 성공적으로 운영하고 있었기 때문에 사업으로 충분히 많은 돈을 벌었다. 다만 건물 투자에 대해 미리 준비되어 있었기 때문에 과감하게 건물을 매입하였고, 이후에도 건물을 지속적으로 투자하실 수 있었다.

멘토와 같이 운이 좋은 사람이 되기 위해서는 결국 자기 일을 열심히 하면서 기회가 올 때까지 기다리는 것이다. 어느 순간 내게 기회가 와서 기대한 이상으로 성과를 얻는다면 그때 운이 좋았다고 이야기할 수 있을 것이다.

18.

성공하려면
우선 가족이 화목해야 한다

천억 건물주 멘토와 대화할 때 자주 나오는 주제는 가족이다.

"형석아, 바쁘게 일을 하고, 계획하고 목표한 대로 달려가다 보면 너무 일에만 빠져서 주변을 돌아보기 어려울 수 있을 거야. 하루 종일 정신 없이 일하고 집에 오면 녹초가 돼서 아무것도 하기 싫을 수도 있고. 중요한 것은 가족을 책임지는 가장이라는 것을 항상 기억하면서 내가 할 수 있는 역할을 해야 한다는 거야.

며칠 동안 업무에 어려운 일이 생겨서 해결하느라 스트레스를 많이 받고 집에 와서 녹초가 되어 누워 있다고 하자. 당연히 아내는 집에 왔으니 아이들과 놀아주고 집안일도 도와줬으면 할 거야. 그럼 어떻게 해야 할까? 아내하고 자주 대화를 하면서 아내도 내 상황을 이해하도록 해야 해. 구체적인 회사 업무 얘기를 하라는 게 아니라, 어떤 일이 생겨서 정신 없었고, 해결하느라 며칠 동안 고생을 많이 했다는 것을 나만 알면 안 된다는 거야. 아내도 남편이 이런저런 일이 있었고, 그것 때문에 바쁘게 일만 했다는 것을 알면 집에 와서 아무것도 못 하고 있는 남편을 이해할 수 있으니까. 그럼 서로 양보하고 이해한 상태에서 주말을 보낼 수 있는 거야.

사업을 하면서 직원들도 챙겨야지만 직원들보다 더 중요한 가족들도 항상 신경 쓰고 생각해야 해. 막상 한창 회사가 성장하고 있을 때에는 집에 아예 신경도 못 쓴 채 지내기도 하는데 가족들의 리더는 남편이자 아빠인 형석이라는 것을 잊으면 안 돼."

멘토의 이야기를 들으니 사업하는 사람들은 주어진 일만 하고 퇴근하는 직장인보다 훨씬 많은 스트레스와 피로가 쌓일 것이다. 게다가 매일 저녁에 모임과 술자리가 있으면 정신 없이 지낼 수밖에 없을 것이다. 그래도 아빠와 남편으로서 책임을 잊지 않고 주말에는 야외에 나들이를 가거나 한가한 시즌에는 여행을 다녀오는 등의 방법으로 부족한 부분을 채워 나가야 하는 것이다.

19.

성공하려면
바른 생각과 행동을 해야 한다

천억 건물주 멘토와 가족에 대해 얘기를 이어가는 중이었다.

"형석아, 주변에 이혼한 사람들 있어?"

내 주변에는 많지 않지만 건너서 들어보면 이혼한 케이스가 꽤 있었다.

"요즘에는 이런 저런 이유로 헤어지는 부부들이 많은 것 같아. 내 주변에도 많이 있고. 형석이가 나중에 사업을 시작해서 한창 키워 나갈 때 항상 생각과 행동을 조심해야 해. 사업이 자리를 잡아 가면 주변에서 좋지 않은 의도로 형석이에게 접근할 수 있거든. 일이 잘 풀리고 계획대로 일이 진행될수록 생각을 바로잡고 행동을 조심해야 하는 거야.

외부 활동이 많아지고 사람들을 많이 만나게 되면서 다른 유혹에 넘어가게 되면 불행이 시작되는 거야. 사업이 원만하게 성장할 수 있는 것은 나 자신의 노력, 주변의 도움, 가족들의 응원과 아내의 내조가 있어서인데, 가족을 외면하고 다른 곳에 한눈을 팔면 결국 들통이 나서 한 가족이 불행에 빠지게 돼. 그럼 결국 사업까지 악영향을 끼치게 되는 거고. 인생의 중심이 무너지면 모든 것을 한순간에 잃어버리게 되는 거야."

멘토는 커피를 한 모금 마신 후 이야기를 이어 나가셨다.

"사업이 성장하면서 대표가 유혹에 빠지는 경우 외에도 초심을 잃고 자만에 빠지는 것도 크게 위험해. 나 혼자 힘으로 이만큼 이루었으니 내가 대단하다고 착각에 빠지는 거야. 물론 내가 고생한 것은 맞지만 모든 게 사람과 운과 시기가 맞아서 잘된 것인데 이를 모두 망각하고 마는 거야. 그렇게 자만심이 커질수록 나에게 들어온 운이 빠져나가. 운이 빠져나가는 자리를 자만심이 채워 나가는 꼴이 되는 거야."

사업이 잘될수록 가족들을 잘 챙기면서 유혹에 빠지지 않고, 초심하면서 자만심을 경계하는 것. 너무도 당연한 내용들이지만 막상 사업이 잘될 때에는 놓치기 쉬울 것 같다. 항상 명심해야 할 조언이다.

20.

남들과 다르게
생각하려고 노력하자

천억 건물주 멘토는 사업을 준비하고 시작해서 열심히 하다 보면 결국 성공할 수 있다는 것을 자주 말씀해 주셨다.

"형석아, 사업이라는 게 거창한 것 같고 어려울 것 같지? 쉽게 생각하면 지금 회사에서 하는 일을 나와서 돈 받고 해 주는 거나 다름없는 거야. 그래서 회사를 다니다가 자기 사업을 시작할 때에는 대기업보다 중소기업을 다녔던 게 유리해. 대기업은 부서와 업무가 세분화되어 있기에 내가 맡은 일만 잘 알지 다른 분야는 전혀 모르거든. 중소기업을 다니면 직원이 몇 명 없어서 한 사람이 여러 가지 업무를 맡아서 처리하는 경우가 많거든. 그럼 회사 운영에 대해 전반적으로 눈을 뜰 수 있기 때문에 사업을 할 때에도 아는 게 많아서 수월하게 시작할 수 있어."

사회 생활을 누구나 좋아하는 대기업에서 시작하는 것만이 정답은 아니었다. 중소 기업에서 다양하게 일을 배우면 오히려 아는 게 많아져서 사업을 시작할 때 자신감이 생기는 것이다.

"부동산 투자는 어떨까? 요즘 인기가 많은 지역은 유행을 탈 수 있기 때문에 소위 핫플레이스에 있는 건물을 매입하려고 할 때에는 신중해야 해. 유동인구가 많고 SNS로 소문난 맛집이 많다면 더 공부를 많이 해야 해. 오히려 최근에 공실이 많고 상권이 침체되어 문제가 많다는 지역이 어딘지를 알아보는 게 좋아. 예전에 인기가 많았던 지역이면 더 좋고.

해당 상권이 최근에 인기가 없어진 이유가 일시적이고, 시간이 지나면 해결될 거라고 판단한다면 과감하게 투자하는 게 좋아. 유동인구가 급격히 감소하면 임차인들은 매출이 급감하기 때문에 임대료 내기도 벅차서 사업을 접는 곳이 많아지기 때문에 공실이 늘어나고, 갈수록 임대료가 낮아지면 덩달아서 매매 가격도 하락하게 돼. 언론에서 부정적인 기사가 계속 나오면 건물 매수를 희망하는 수요는 없고 매도 물량만 늘어나기 때문이야.

바닥이라고 판단해서 과감하게 투자하면 어떤 일이 발생할까? 공실이 많아져서 임대료가 떨어지면 프랜차이즈가 아니라 특색 있는 자영업자들이 입점해서 운영을 시작해. 그리고 그런 점포들이 늘어나면 서서히 입소문을 타기 시작해. 뻔한 프랜차이즈가 아니라 맛도 있고 분위기도 좋고, 여기에 와야만 이용할 수 있는 점포를 사람들이 찾아오는 거야. 그렇게 개성 있는 점포를 운영하는 자영업자들이 모이면 그 색깔을 느끼려고 젊은이들이 많이 오면서 서서히 상권이 살아나."

멘토의 이야기를 들으니 결국 부동산 투자도 남들과 다르게 생각하는 게 중요하다. 다른 사람들이 상권이 침체되어 수익성이 계속 악화될 수 있다고 걱정하는 곳이 있다면 그곳이 기회가 될 수 있는 것이다. 기회인지 아닌지는 많이 고민하고 연구하고 돌아다니면서 직접 확인해야 성공확률을 높일 수 있다.

21.   인생을 바꾸고 싶으면
지금 이 순간 깨어 있어야 한다

천억 건물주 멘토를 만나서 저녁식사를 하던 중에 회사에서 업무 전화
가 와서 한참을 통화했다.

"형석아, 회사 다니느라 많이 바쁘지?"

그날따라 회사에서 일이 많아 정신없이 일을 끝마치고 약속 장소에 왔
던 것이었기에 멘토에게 차마 안 바쁘다고 대답을 못 하고 머뭇거렸다.

"아침에 눈뜨면 출근 준비하느라 바쁘고, 회사에서는 정신없이 일하고,
퇴근하고 집에 가면 기운이 없어서 아무것도 하기 싫고 쉬고 싶지? 모든
직장인이 다 그래. 그 삶을 바꾸고 내가 원하는 인생을 살고 싶으면 그 일
상을 깨뜨려야 해.

건물 투자? 사업? 건물을 소유하고 돈 많이 버는 사업가가 참 멋있어
보이고 되고 싶겠지만 그들처럼 되려면 엄청난 희생을 각오해야 해. 당
장 수익이 필요해서 회사를 가야 하면 새벽에 일어나서 사업 준비를 하다
가 출근을 해야 하고, 퇴근해서도 계속 준비를 이어가야 해. 당연히 주말
에는 이틀 내내 열심히 준비해야 하고. 그래야 한 달에 몇천만 원 이상 벌
수 있는 거 아니겠어? 남들처럼 적당히 하면 절대 뛰어난 성과를 내기 어

려운 법이야. 죽을 만큼 준비해야 남들보다 좋은 결과를 내면서 돈을 많이 벌 수 있는 거야.

사업이나 건물 투자의 첫걸음은 생각을 바꾸는 거야. 지금 내가 하루를 지내는 동안 주어진 일과에 나를 맡기는 게 아니라 내가 원하는 인생을 살려면 무엇을 준비해야 하는지 계속 고민하면서 하나씩 실천해 나가는 거야. 남들 잘 때 준비하고, 남들 쉴 때 연구해야 지금의 나보다 더 나은 내가 될 수 있어.

아침에 눈을 뜨면 나중에 이루고 싶은 모습을 머릿속에 떠올려 보면서 하루를 기분 좋게 시작해. 그리고 꿈을 이루기 위해 할 일들을 하나씩 해 나가는 거야. 일하다가도 생각하고, 점심 먹으면서도 떠올려 봐. 회사에서도 틈나는 대로 고민하면서 순간순간을 깨어 있도록 노력해 봐. 일이 많고 바빠도 잠깐 생각하는 것은 언제든지 가능하니까.

그렇게 순간순간 하는 생각들이 쌓이면 서서히 내 인생도 바뀌게 될 거야. 내가 원하는 모습, 내가 이루고 싶은 꿈을 어느 순간 성취하게 될 거야. 지금부터 시작해 봐."

멘토의 조언을 듣고 나니 오늘 하루 바쁘게 일한 게 누구를 위한 것이었나 싶다. 회사를 위해 열심히 일하면서 오늘 하루도 그냥 그렇게 지나가고 있다.

22. 인생의 변화는 사소한 습관부터 시작한다

천억 건물주 멘토는 이야기를 이어나갔다.

"형석아, 회사를 다니면서 바쁜 일상에 변화를 주기 위해서는 완벽하거나 대단해 보이는 계획을 세우면 안 돼. 간단하고 쉬워 보이는 것부터 시작하는 거야. 사업을 준비하고 싶으면 관심 있는 분야에 대한 책 한 장 읽기, 건물 투자를 준비하고 싶으면 네이버 부동산 홈페이지를 하루에 한 번씩 방문하기. 이런 습관부터 시작하면 할 만하지 않을까?"

멘토가 예를 들어준 책 한 장이나 홈페이지 한 번 들어가는 건 몇 분이면 할 수 있는 거라 마음의 부담이 전혀 없어 보였다. 하루도 안 빼먹고 할 수 있을 것 같았다.

"하루에 책 한 장을 읽으려고 책을 집어 들고 책을 읽기 시작하면 한 장을 다 읽었다고 책을 덮는 게 아니라 계속 읽게 되는 법이야. 세 장을 읽을 수도 있고, 한 시간 동안 읽을 수도 있고. 한 장만 읽으면 되는 거라 그 이상 읽는 것은 컨디션에 따라 자유롭게 조정하는 거야. 그렇게 매일 책을 읽다 보면 어느새 책 읽는 게 자연스럽게 습관으로 자리 잡게 되면서 변화가 시작하는 거야.

건물 투자를 시작하겠다고 부동산 책이나 건물 투자 책을 읽으려고 하면 어려운 용어가 나와서 열정이 식을 수 있어. 그냥 네이버 부동산에 하루 한 번 들어가는 걸로 충분해. 네이버 부동산에 들어가자마자 컴퓨터를 바로 끌까? 아니야. 들어가서 관심 있는 지역에 매물을 봐보는 거야. 그리고 디스코나 밸류맵에 들어가서 최근 거래된 건물도 같이 비교해 보는 거지. 그렇게 건물에 관심을 가지고 나중에 시간이 나면 실제로 내가 검토한 매물과 실거래 건물을 직접 현장에 방문해서 공부하는 것도 방법이야.

뭐든지 시작할 때 거창하게 하려고 하면 안 되고 내가 쉽게 할 수 있는 계획을 세우고 그것을 매일 실천하는 게 중요한 거야. 계획을 세우는 게 중요한 게 아니라는 것을 명심해야 해."

나 자신에게 부담스럽지 않고 쉬운 미션을 주고, 기분 좋게 할 수 있는 일이 반복되면 서서히 실력이 쌓이는 것이다. 그리고 그렇게 인생이 변화하게 된다.

23.

잠들기 직전을 신경 쓰면
성공에 가까워진다

천억 건물주 멘토와 늦은 시간에 만나 맥주를 한잔 마시고 있었다.

"형석이는 자려고 누우면 바로 잠드는 편이야? 아니면 잠 들기까지 시간이 걸리는 편이야?"

대부분 눕자마자 몇 분 안에 바로 잠에 들었기에 그대로 말씀드렸다.

"사람들이 잘 모르는데 잠 들기 직전이 성공하는 데 매우 중요한 시간이야. 침대에 누워서 잠들기 직전까지만 잘 관리해도 성공할 확률이 높아지고, 꿈을 이루는 데 걸리는 시간을 앞당길 수 있어.

자려고 누우면 우리 생각은 현실적이고 이성적인 현재 의식이 희미해지고 반대 성향의 감성적인 잠재의식이 활발해지기 시작해. 잠재의식은 평소에 내가 하는 생각, 내가 사실이라고 생각하는 것을 그대로 받아들이는 성질이 있는데 밤에 잠들려고 할 때 가장 활발하게 작용해. 이 잠재의식을 관리하는 거야. 잠재의식에 내가 원하는 꿈, 내가 되고 싶은 모습을 주입하는 거야. 반복적으로 내가 이루고 싶은 모습을 떠올리면서 잠재의식에 각인시키면 잠재의식이 어느 사이엔가 이를 받아들이면 그것이 현실로 나타나게 되는 거야."

멘토는 맥주를 한 모금 마신 후에 이야기를 이어나갔다.

"낮에 회사에서 바쁘게 일하다가 '나는 건물을 소유할 수 있다.'라고 적힌 글을 보면 어떤 생각이 들까? 낮에는 현재 의식이 강하게 작용하기 때문에 그 문구에 대해 거부 반응이 들거나 크게 와닿지 않을 수 있을 거야. 그렇지만 밤에 침대에서 그 문구를 보거나 떠올리게 되면 잠재의식은 내 생각을 그대로 받아들이기 때문에 내가 생각하는 건물주의 모습이 가깝게 느껴질 거야. 내가 건물주가 된 모습이 사실이라고 느낄 만큼 반복하면서 구체적인 장면으로 떠올리는 연습이 필요해. 그렇게 상상하게 되면 잠재의식이 변화하면서 그 모습을 현실로 보여 주기 위해 보이지 않는 힘을 작용시키고, 결국 어느 순간 현실로 나타나게 되는 거야.

형석이가 건물주가 되고 싶고 사업에 성공하고 싶어? 그럼 당장 오늘 밤부터 시작해. 침대에 눕기 시작한 순간부터 잠들기 직전까지 계속 성공한 모습을 반복해서 떠올리는 연습을 해 봐. 그럼 성공한 사람들처럼 형석이도 원하는 모습을 이룰 수 있으니까."

사업

1.   가족을 생각하는
사업가의 균형 유지 전략

천억 건물주 멘토에게 사업에 대한 조언을 들을 때 자주 듣는 단어는 '균형'이다.

"형석아, 네가 직장을 다니다가 사업을 하게 되면 안정적인 월급이 없으니 많이 막막하고 불안할 거야. 그때 너의 모든 것을 사업에 쏟아야 해. 네가 하루 종일 일만 하고, 일만 생각하면서 일과 관련된 사람들만 만나고 다니다 보면 몇 년이 지나서 사업이 자리잡게 될 거야. 그때 주변을 둘러보면 되는 거야.

사업은 전쟁이랑 똑같아서 상대방을 이겨야 네가 살아남는 거야. 그냥 쉬엄쉬엄, 남들이 하는 만큼 적당히 하면 너는 너보다 더 센 경쟁업체에 잡아먹히고 말 거야."

분명 맞는 말이었다. 1위 기업만 살아남을 수 있을 것이고 신규 진입자는 더 치열하게 일하면서 생존을 위해 노력해야 할 것이다.

"일주일에 하루만 가족을 위해 시간을 빼고 나머지 주 6일, 하루 24시간은 모두 사업에만 집중해. 가족은 네가 몇 년간 열심히 사업을 키우고 나서 자리 잡으면 그때 케어하면 돼."

멘토 역시 사업을 하던 초창기에는 내게 해 준 조언대로 사업을 키워 나갔다. 사업 초기에 자리를 잡기 위해 엄청난 고생을 했는데 사모님께서 자녀들을 케어하면서 자리를 지켜 주셨다고 했다.

"사업을 처음 시작하고 몇 년간은 매일 밤늦게 퇴근하고 새벽에 출근하는 게 일상이었어. 주말에는 평일에 못 했던 일들을 마무리하느라 정신없고. 그렇게 매출이 오르면서 마음이 안정되니까 애들이 어느새 커 있더라고. 그때부터는 가족들과 시간도 자주 보내고 여행도 많이 하려고 해."

멘토는 평일에도 가족들과 시간을 자주 보냈다. 여행도 자주 가고 영화도 자주 보면서 어릴 때 갖지 못했던 시간들을 보내고 있었다.

"사업과 가족을 균형 잡기가 많이 어려울 거야. 그런데 둘 다 똑같은 비중을 두면서 사업을 시작하면 초반에 성장하는 데 한계가 있을 수 있어. 차라리 사업 초반에는 사업에, 사업이 자리를 잡으면 가족에 집중하는 게 균형을 유지하는 거야. 사업한다고 애들 얼굴도 못 보고 지내는 게 참 힘들었는데 나중에 시간이 지나고 보니까 아이들에게 많은 것을 해 줄 수 있고 함께 시간을 보낼 수 있는 지금이 적절한 균형 같아."

가족을 많이 사랑하고 생각하는 멘토가 사업 초기에 마음고생을 많이 했다고 했는데 그중에는 가족에 대한 고민도 있었을 것이다. 나도 나중에 사업을 하게 되면 해야 할 고민을 멘토에게 미리 들으면서 가족과 사업을 어떻게 균형 잡을 것인지 생각해 본다.

2.

사업을 성공시키기 위한
마음가짐

천억 건물주 멘토가 들려주는 사업에 대한 조언을 듣다 보면 사업이 왜 힘든지, 그리고 왜 멘토가 힘든 사업을 어떻게 잘 이끌어서 성공시킬 수 있었는지 배우게 된다. 결국 남과 다르게 열심히 했고, 그 기간이 길어지면서 점점 성장해 가고 회사를 키워 나갈 수 있었던 것이다.

"형석아, 사업을 시작하려면 돈이 되는 건 닥치는 대로 해야 해. 이건 이래서 안 되고, 저건 저래서 안 되고 하는 변명 같은 거는 하지 마. 처음에 자리를 잡으려면 일단 매출이 오르고 현금이 돌아야 하는 법이야. 확실한 수익원이라고 생각했던 게 예상보다 안 될 수도 있고, 반대로 별 기대 없이 시작했던 분야에서 갑자기 매출이 급증해서 효자 종목이 될 수도 있는 거야. 시장에서 어떻게 받아들일지는 아무도 모르거든."

대기업처럼 많은 자본을 투자할 수 있으면 새로운 분야에 진출하기 전에 시장 분석부터 철저하게 할 수 있지만 사업 초기에는 그런 여력이 없기 때문에 돈이 나올 만한 일은 모두 해야 한다고 말했다.

"쉽게 이야기하면 불법적인 거 빼고는 다 한다고 보면 돼."

내가 생각하고 진출하려고 하는 사업에서 모든 분야를 전부 하라고 말했다. 사업을 처음 시작하면서 대부분은 할 만한 일을 몇 가지 정해서 시작하지만 그러면 안 된다고 했다. 관련된 분야를 전부 시작해야 하고, 그렇게 매출을 지켜보면서 대응을 해야 한다고 했다.

성공한 사업가는 처음부터 생각이 달랐다. 맨손으로 천억 대 건물주에 이르기까지 많은 일들이 있었을 거라 예상은 됐지만 역시 혼자 힘으로 막대한 부를 이루기까지 남들보다 열 배 스무 배 더 집중해서 일했던 것이다. 그러다 보니 남보다 빨리 매출이 오르고, 고객이 급증하면서 시장에서 점유율을 높이고 사업이 안정될 수 있었던 것이다.

"형석아, 네가 사업을 시작하게 되면 생각하는 분야는 어떤 게 있어?"

멘토가 사업에 대해 조언을 하면서 질문을 했고 평소 생각하고 있던 내용을 말씀드렸다.

"네. a, b, c를 생각하고 있습니다. 아무래도 처음 시작하는 후발주자는 d, e는 규모 면에서 한계가 있어서 어려울 것 같아요."

"형석아, 그러면 안 돼. 일단 'a, b, c, d, e' 모두를 다 시작해야 해. 'd, e' 도 분명히 할 수 있는 방법이 있을 거고, 하고 있는 경쟁업체도 있을 거야. 네가 'd, e'를 시작하게 되면 해당 분야에서 상위권으로 도약하고 성장하는 데 큰 도움이 될 거야. 안 된다고 생각하지 말고 방법을 찾다 보면 기회가 있을 거야."

맞다. 멘토는 내가 생각하는 사업 분야를 처음 접하면서도 예리하게 조언해 주셨다. 대부분 생각하는 루트를 따라 나도 일을 시작하려고 했고, 그러면 남들처럼 그냥 그런 수준의 사업체를 운영하게 될 것이다. 남들과 다르게 시작하고 일을 해야 남보다 앞서 나간다는 기본적인 내용을 잊고 있었던 것이다.

아직도 갈 길이 멀다. 성공한 사업가가 되기 위해서 배울 게 많고 고민할 게 많다. 멘토에게 배운 내용들을 하나씩 실천하면서 나를 키워 나가야겠다.

3.
직장에서 벗어나
사업에 도전해야 하는 이유

천억 건물주 멘토는 직장인, 사업가, 투자자의 길을 모두 경험했다. 대부분 사람들이 한 가지 커리어만 경험하는데 세 가지를 모두 경험했다는 게 신기하면서 대단했다.

"형석아, 직장을 다니다 보면 어느 순간 직장 생활이 내 인생 한 부분이 되거든. 일하는 게 내 일상이 되는 거야. 그럼 내가 직장인이라는 인식을 못 한 채 내 회사로 생각하게 돼. 가끔 뉴스에 나오는 대기업 직원의 횡포나 갑질이 그래서 일어나는 거야. 내가 힘이 있는 게 아니라 회사가 힘이 있는 건데 착각하는 거지.

직장에 속해 있으니까 나와 함께 일하는 외부 조직 사람들은 나를 회사로 대하지만 나는 결국 월급 받는 직원일 뿐이잖아. 회사라는 소속이 없어지는 순간 나는 그냥 아무것도 아닌 게 되는 거야. 이걸 빨리 깨달아야 해. 회사는 회사고 나는 회사에서 월급을 받는 한 명의 직원일 뿐이야. 회사는 필요하면 언제든 나를 해고하고 대체할 인력을 채용할 수 있는 거야. 아니면 내가 다니는 회사가 없어질 수도 있는 거고."

멘토의 이야기는 다 맞았다. 인정하기 싫고, 받아들이기 어렵지만 다 사실이다. 내가 회사 대표 다음 2인자일지라도 회사가 없어질 수도 있는 것이다. 대기업 중에도 부도가 나서 사라진 기업들이 많고, 요즘 세상이 빨리 변화되고 있으니 더욱 그렇다.

현명한 직장인들은 회사를 다니면서 제2의 인생을 미리 준비하지만 막상 시작하는 게 쉽지 않다. 야근에 약속에 가족들과 시간을 보내다 보면 일주일 한 달이 금방 지나간다. 거기에 운동이라도 시작하면 시간 내기가 더 어려워진다.

직장을 벗어나면 아무것도 아닌 직장인. 요즘에는 회사를 내세워 힘을 자랑하는 직장인이 많지 않지만 내가 다니는 회사가 내가 만든 회사인 것처럼 회사만 믿고 의지하는 직장인이 여전히 많다.

"형석아 네가 사업을 하고 싶은 마음은 대찬성이야. 회사를 다녀서는 절대 부자가 될 수 없거든. 월급이라는 달콤한 마약에 길들여져서는 큰 돈을 벌거나 건물주 라이프를 살 수가 없어. 회사라는 따뜻한 온실을 박차고 나와서 척박한 야생 한가운데에서 사업으로 승리해야만 경제적인 부를 이루고 원하는 인생을 살 수 있어."

직장인은 매달 정해진 월급이 있고, 열심히 일해서 높은 성과를 올린다고 해서 월급이 많이 오르지 않는다. 조직의 구성원으로서 조직에 기여한 정도만큼의 대가를 받으면서 조직에 충성해서 일하는 것이다.

하루 8시간만 회사에서 열심히 일하는 직장인보다 온종일 일만 생각하면서 쉬지 않고 일하는 사업가가 경제적으로 앞서나갈 수밖에 없다.

4

직장인과 사업가 중
어떤 길이 행복할까?

천억 건물주 멘토에게 사업하던 시절 이야기를 듣고 있었다.

"형석아, 내가 사업을 하겠다고 직장을 그만두고 나와서 진짜 열심히 일했거든. 그리고 건물 투자도 열심히 했고. 그런데 지나고 나니까 시간이 너무 빨리 지나가는 것 같아. 내가 처음 들어갔던 직장을 그만두지 않고 계속 다니고 있었다면 어땠을까? 지금도 직장에 출근하면서 그랬을 거야. 와 시간 진짜 빨리 지나간다고."

중·고등학교 때에는 시간이 안 가서 고민이었는데 어른이 되고 회사를 다니기 시작하니 세월이 흘러가는 게 야속하기만 하다. 나이에 맞는 속도로 흘러간다는 시간이 너무 빠르게 느껴진다.

"직장을 다녀도 시간은 빨리 가고 사업을 해도 시간은 빨리 지나가. 사업을 시작해서 몇 년을 힘들게 버티고 자리 잡은 사람은 남은 시간들을 본인이 원하는 일들을 하면서 의미 있게 보낼 수 있고, 직장을 계속 다니는 사람은 시간이 지나도 변하는 게 없어."

직장을 다니는 사람은 40대나 50대나 승진과 퇴직 시기가 늘 고민이고, 퇴직 이후의 인생을 직장을 다니면서 틈틈이 준비해야 한다. 반면 사업을 하던 사람은 몇 년간 휴일 없이 일에만 매달리면서 회사를 키우고는 가족과 함께 편안하고 행복한 시간을 보내는 것이다.

아무 노력도 안 하고 핑계만 대면서 회사만 다니는 사람은 본인이 일한 만큼의 대가를 지속적으로 받는 것이다. 반대로 매일매일 필사적으로 일하면서 회사를 운영하는 사업가는 만족스러운 대가를 계속 받으면서 나중에는 행복하게 지내는 것이다.

오로지 선택은 본인의 몫이며, 그 결과 역시 본인의 몫이다.

"나한테 직장을 퇴사하고 사업을 시작하려고 고민하는 그 시점으로 돌아가라고 하면 나는 지금도 사업을 선택해서 할 거야. 사업이 아무리 힘들고 스트레스를 많이 받았어도 사업이 잘되니까 내가 사는 세상이 달라지더라고. 한번 사는 인생인데 짧게 힘들고 많이 행복한 게 낫지 않겠어? 내가 계속 직장을 다니고 있었으면 지금쯤 높은 지위에 임원이 되어서 옛날보다 더 열심히 일하고 있겠지. 근로 계약 연장해서 월급 더 받으려고."

누구나 행복한 인생을 꿈꾸지만 주어진 시간을 어떻게 보내느냐에 따라 꿈꾸는 모습대로 사는 사람과 꿈만 꾸는 사람으로 나뉘는 것 같다. 나는 행복한 인생을 살기 위해 앞으로 몇 년간 나를 희생할 각오가 되어 있을까?

5. 성공하는 사업가는 사람을 만나 기회를 발견한다

천억 건물주 멘토에게 사업을 성공하는 비법에 대해 듣고 있었다.

"사업이 잘되기 위해서 중요한 게 많은데 그중에서 가장 중요한 게 바로 사람이야. 사업을 막 시작해서 키워 나가는 단계에서 사람을 통해서 기회를 얻을 수 있기 때문이야."

사업은 내가 잘 알고 있고 잘할 수 있는 분야를 선정해서 열심히 일을 하다 보면 자연스럽게 매출이 늘어나고 성공할 줄 알았다.

"사업을 준비하고 알아가는 것은 사업을 시작하는 사람이면 누구나 하는 거야. 사업이 특정 시점에 커 나가는 것은 새로운 사람을 통해 기회를 잡았기 때문이야."

사업을 하다 보면 업무와 거래처, 매출 등이 예상 가능한 수준이 오며, 그 수준에서 한 단계 더 나아가기 위해서는 새로운 기회를 포착해야 하는데 그 기회는 사람을 통해서 잡을 수 있다고 했다.

"일을 어느 정도 하다 보면 대표의 시야에 회사가 한눈에 들어오거든. 그때가 사업을 키워 나갈 시기인 거야. 사업이 안정적이라는 이야기는 동시에 사업이 정체되고 있다는 뜻이기도 하거든. 내가 업무로 알던 사람, 새로 소개받은 사람, 일과 전혀 상관없이 친한 지인을 통해 사업을 한 단계 퀀텀 점프할 기회를 잡을 수 있어. 누군가가 매출을 뛰어넘는 해법을 제시해 줄 거야.

사업을 하는 사람들이 자주 만나고 네트워크를 형성하는 것은 서로의 고민을 털어놓으면서 위로를 받는 것도 있지만 새로운 기회를 만들어 줄 귀한 사람을 찾으러 다니는 것이기도 해. 그런 기회를 제공받으면 고마운 거고, 기회를 다른 사업가에게 줄 수 있으면 기쁜 일이지."

멘토는 사업을 시작하게 되면 사람을 많이 만나야 한다고 했다. 다양한 사람들을 많이 만나면서 정보를 얻기도 하고 새로운 제안이나 기회를 잡을 통로를 계속 열어 두어야 한다고 했다.

"사업을 하면 하루 종일 일을 하는 거야. 저녁에 사업하는 사람들끼리 만나는 게 직장인들에게는 술자리로 보이지만 그 자리는 사업을 키우고 싶은 열정 가득한 사업가들이 서로 도와주려고 바쁜 시간을 쪼개서 만나는 거야. 그런 만남의 자리가 많고, 좋은 사람들을 많이 알아갈수록 사업이 성장할 가능성이 높아지는 거야."

어릴 적 전래 동화에서 박씨를 물어다 준 제비와 같이, 사업이 성장할 수 있게 도움을 줄 수 있는 귀한 사람을 만나기 위해 다양한 사람들을 만나고 소개받는 게 일상이었다는 멘토의 이야기를 들어보니 사업을 시작하면 온종일 사업만 생각해야 하는 이유를 알 것 같았다. 하루 종일 사업만 생각하면서 일을 해도 성공하는 게 쉽지 않으니, 더 열심히 노력하면서 성공 확률을 높여 가고 그렇게 열심히 노력하다 보면 어느새 성공의 문에 가까워 오는 것이다.

6.

사업을 성공하기 위해 서두르지 말고 철저히 준비하자

천억 건물주 멘토를 만나 대화를 하다 보면 부족한 점을 배우면서 성장한다는 느낌이 든다. 나도 멘토처럼 잘할 수 있고 좋은 성과를 낼 수 있다는 자신감도 생긴다. 지금 내 앞에서 나와 이야기하는 이분이 천억이라는 어마어마한 자산을 가졌다면 나도 이분처럼 열심히하면 비슷한 수준으로 따라갈 수 있지 않을까 싶었다. 그래서 가끔은 빨리 성과를 내고 싶은 욕심에 이런저런 계획을 말하면 멘토는 어김없이 대답한다.

"형석아, 무엇이든 서두르면 그르치는 법이야. 빨리 가려고 하지 말고 제대로 가야 해. 한 스텝씩 밟으면서 나아가야 목표한 곳까지 갈 수 있는 법이야."

어쩌면 나는 멘토가 성공을 이루고 난 이후에 멘토를 만나서 배우고 있는 중이기 때문에 멘토가 성공하는 과정이 얼마나 힘들었는지 미루어 짐작만 하고 있다. 멘토는 알고 있을 것이다. 나는 아직 사업을 시작하지 않고, 본격적으로 힘든 시기를 경험하기 전이기 때문에 의욕이 넘치고 뭐든 할 수 있을 것 같은 시기라는 것을.

사업을 시작할 때 너무 의욕만 앞서거나 자신감만 가득 찬 상태면 원하는 결과가 바로 나타나지 않고 실패라도 겪게 되면 마음의 상처를 크게 입게 된다. 그래서 사업을 준비하는 단계에서는 과욕보다는 서두르지 않고 한 단계씩 밟아 나가는 것이 필요한 것이다.

"요즘에는 유튜브로 성공한 사람들이 경험한 것들을 짧은 시간에 볼 수 있으니까 나도 쉽고 빨리 성공할 수 있다고 생각하는 것 같아. 그런데 사업은 전쟁터야. 나 같은 사람이 이미 수만 명, 수십만 명 경쟁을 하고 있고 또 계속 새로운 사람들이 진입하고 있어. 그래서 사업을 만만하거나 쉽게 생각하지 말아야 해. 서두르지 말고 제대로 준비해야 그 많은 경쟁자들을 물리치고 사업을 키울 수 있는 거야.

사업은 10분 만에 배우는 기술이 아니야. 10년을 열심히 해야 돈이 흘러가는 물꼬를 나에게로 잠깐 돌릴 수 있는 행운을 잡을 수 있는 거야. 10년을 해야 하는 사업이니 준비할 때에는 서두르지 말고 꼼꼼히 하나씩 확인해야 해. 처음 시작할 때 문제가 생기면 갈수록 해결해야 할 문제가 많아지기 때문에 나중에는 치명적인 약점이 될 수도 있어. 천천히 하라는 게 아니라 완벽하다고 싶을 정도로 철저하게 준비를 해야 해."

멘토는 철저하고 꼼꼼한 스타일이기 때문에 사업도 그렇게 해 나갔을 것이다. 사업을 시작해서 성공시키는데 성격은 중요하지 않다. 일을 철두철미하게 해야 하는 상황에서는 실수 없이 완벽하게 하면 되는 것이고, 활발하고 대인배 같은 성격이 필요하면 그렇게 나를 변화시켜서 업무를 하면 되는 것이다. 제일 중요한 것은 사업으로 성공하겠다는 의지와 간절함이다. 사업을 준비하면서 서두르지 않고 제대로 하는 것. 꼭 명심해야겠다.

7.   사업 실패에 대처하는 지혜

천억 건물주 멘토와 사업을 하면서 겪는 다양한 상황에 대해 이야기하던 중이었다.

"형석아. 사업을 하다 보면 실패를 하게 될 수도 있는데 그럴 땐 어떻게 해야 할까?"

어려운 질문이었다. 아직 사업에 대해 막연하게 두려움이 있었기에 실패까지는 생각도 안 해 봤기 때문이었다.

"사업이 항상 잘되길 누구나 원하지만 매출이 늘어나고 사업이 커진다는 것은 그만큼 실패할 위험도 커진다는 뜻이야. 거래처에 문제가 생길 수도 있고, 투자를 했는데 현금 흐름에 문제가 생길 수도 있고, 직원이 횡령할 수도 있고. 잘나가고 있다가 갑자기 상황이 안 좋아지면서 실패라는 단어를 떠올리는 순간이 오게 돼. 그럴 때에는 일단 부정적인 생각을 멀리해야 해. 빚이 늘어나고, 대금 독촉이 오고 상황이 안 좋더라도 일단 부정적인 생각보다는 해결에 초점을 두고 하나씩 행동을 하면서 풀어 나가야 해.

최악인 현재 상황은 뭘 해도 바뀌지 않아. 그런데 내가 여기서 포기를 하고 모든 것을 내려놓으면 그때 진짜 실패하고 끝나는 거야. 이 상황을 해결하려고 나서서 움직이다 보면 관성처럼 일을 생각하게 되고, 그러다 보면 운 좋게 실마리가 생기기도 하고 주변에서 도와주는 경우도 생겨. 나만 실패라고 생각하지 않고 부정적으로 생각하지 않으면 되는 거야. 그래야 어떻게든 살아갈 방법을 찾을 수 있어.

힘든 상황에서는 부정적인 사람은 멀리해야 해. 긍정적이고 밝은 사람을 만나서 좋은 이야기를 들어도 내 상황이 좋지 않으면 긍정적으로 생각하기 힘든 법이야. 그래서 상황이 여의치 않을 때에는 부정적인 사람을 안 만나는 게 좋고, 누군가에게 위로를 받고 싶으면 내게 힘이 되는 말을 하고 응원해 줄 사람만 가려서 만나. 그럼 서서히 다시 시작할 용기가 생겨날 거니까."

실패하고 힘들 때 긍정적으로 생각하는 게 참 힘들다. 그리고 안 좋은 생각을 떨쳐 내는 것은 더욱 힘이 든다. 그래서 멘토의 말처럼 분주하게 일을 하다 보면 안 좋은 생각을 덜 하면서 힘든 상황을 버틸 수 있는 것이다. 일이 잘 풀릴 때 열심히 하는 것은 누구나 할 수 있지만, 좋지 않은 상황에서도 좋은 생각만 하면서 이겨 내는 것은 어렵다. 그래서 많이 힘들어서 혼자 이겨 낼 수 없으면 위로해 줄 지인을 만나 힘을 얻으라고 조언을 해 준 것이다. 내 마음을 달래주고, 힘이 나도록 용기를 줄 수 있는 지인과 대화하면서 실패라는 단어를 지우고 다시 예전처럼 힘을 낼 수 있도록.

8. 　　　　　　　　　　　　　　　　**사업을 성공하기 위한**
　　　　　　　　　　　　　　　　　　　　101번째 도전

　천억 건물주 멘토를 만나 사업에 대해 이야기하던 중이었다.

　"형석아, 사업을 시작해서 열심히 하면 잘될 것 같잖아? 절대 그렇지 않아. 아무리 열심히 하고 이런저런 노력을 해도 성과가 나오지 않을 거야. 사업을 시작하자마자 잘되는 사람은 이미 그전에 준비가 되어 있던 사람이야. 전 직장이나 이전 사업체에서 매출이 확실한 분야나 거래처가 있어서 새롭게 시작해도 바로 성과를 내는 거야.

　그럼 사업이 언제쯤 가시적인 성과가 나올 것 같아? 아무리 열심히 해도 성과가 안 나와서 이제 진짜 못 하겠다고 마음먹고 때려 칠까 고민할 때쯤이야. 그때가 되면 성과가 나오는 시점이 얼마 안 남은 거야. 힘들고 지친다는 생각이 많이 들수록 성공과 가까워지는 거야.

　나도 사업 초기에 100군데를 컨택하고 시도해도 아무런 성과가 나오지 않았어. 최선을 다해서 열심히 일했는데도 결과가 좋지 않더라고. 아 이제 접어야 하나? 이 생각을 수십 번 수백 번 하면서 힘겹게 하루하루 버티고 있다가 갑자기 운이 트이더라고. 우량 거래처가 생기더니 돈이 들어오기 시작했어. 그러면서 사업이 자리를 잡아 갔어."

천억 건물주 멘토는 워낙 꼼꼼하면서 공격적으로 업무를 하는 스타일이기 때문에 사업도 초기부터 좋은 성과를 내면서 승승장구했을 것 같았는데 실상은 정반대였다. 사업이 자리잡을 때까지 힘들었던 시절을 덤덤하게 떠올리는 멘토를 보니 미래의 나를 보는 것 같았다.

"형석아, 사업으로 성공한 모든 사람들은 이 과정을 거친 거야. 험난하고 고된 시절을 견뎌내고 버티면서 성공이라는 열매를 맛볼 수 있었던 거야. 서점에서 흔히 볼 수 있는 자기계발서, 성공에 대한 책들이 다 똑같은 이야기를 하고 있지? 그게 현실이야. 성공은 절대 아무에게나 그 영광을 보여 주지 않아. 사업을 시작해서 100개의 도전을 시도해도 실패하는 게 사업이고 101번째 시도했던 게 잘되어서 매출이 급상승하는 것도 사업이야. 너무 힘들어서 포기하고 싶다고 생각이 들면 그때가 성공에 가까워진 시기라는 걸 꼭 명심해."

지금은 회사에서 매달 안정적으로 월급을 받고 있다. 열심히 일을 안하고 대충 일해도 월급은 변함없이 나온다. 그런데 사업은 정반대이다. 열심히 일해도 성과가 안 나오고 돈을 못 벌 수 있는 것이다. 그래서 사업이 어렵고 직장인들이 회사를 다니는 이유인 것 같다. 나는 어떤 마인드로 사업을 시작해야 할까? 더 강해져야겠다.

9.

천억 건물주가 사업 실패를
극복하고 성공한 비결

천억 건물주 멘토가 사업에 대해 들려주는 이야기 중에 제일 인상 깊었던 건 역시 실패에 대한 스토리이다.

"형석이가 사업을 시작하면 다섯 번 정도 실패를 하게 될 거야. 그 실패들을 견디고 이겨 내야 사업이 자리를 잡게 될 거야."

아직 사업을 시작도 안 하고 회사를 다니면서 고민만 하는 나는 사업을 실패한다는 이야기를 듣자마자 두려움이 커졌다. 왠지 멘토는 치밀하고 철저하게 준비를 하기 때문에 실패를 안 하셨을 것 같아서 질문을 했다.

"멘토도 사업을 하면서 실패를 해 보셨나요?"

멘토는 웃으면서 말씀하셨다.

"사업을 하면서 다섯 번 정도 실패를 해야 자리를 잡는다는 것은 내 경험담이야.

나도 실패를 하면 할수록 그만두고 포기하고 싶어졌는데 버티고 버티니까 지금 순간까지 오게 되더라고. 그중에 가장 기억에 남는 실패는… 역시 손해가 가장 컸던 실패가 가장 먼저 떠오르는 거보니 손해 본 돈이 아깝긴 하나 보네."

멘토는 사업을 키우기 위해 하루 종일 최선을 다했고, 그렇게 서서히 자리를 잡아 가고 있었다.

"사업이 자리를 잡아 가고 있을 때쯤이었어."

멘토는 사업이 한 단계 성장하던 시기에 오랫동안 알고 지내던 지인의 제안을 받았다고 했다. 사업을 키울 수 있는 기회였다. 결국 지인의 제안을 받아들이고 사업을 확장하기 위해 투자를 했지만 결과는 좋지 않게 흘러갔다.

"결국 사람이 문제였어."

지인이 문제였던 것이다. 경제적으로 큰 손실을 보고 마무리되었다고 한다.

"살다 보면 좋은 일도 생기고 좋지 않은 일도 생기는데 좋지 않은 일이 왔을 때 잘 버티고 이겨 내는 게 중요해. 그 시기만 잘 지내면 다음에 찾아오는 기회를 잡을 수 있거든."

사업을 하다가 실패를 경험한 멘토의 이야기를 들어보니 왜 많은 사람들이 편안한 직장인 인생을 사는지 알 것 같다. 큰 위기 없이 편하게 하루하루 지낼 수 있고 월급이 매달 들어오니 힘들고 실패 위험에 항상 노출되어 있는 사업은 꿈도 꾸기 어려운 것이다.

사업가의 실패. 막상 들어보니 만만치 않은 고난이자 역경인 것 같다.

그 험난한 산을 건너야만 성공이라는 달콤한 열매를 맛볼 수 있을 것이다.

10.

사업을 실패했을 때
다시 일어나는 법

천억 건물주 멘토와 사업에 대해 이야기를 할 때마다 멘토가 언급하는 단어가 있다.

'실패'이다.

"사업을 하다 보면 실패를 경험하게 될 거야. 실패를 마주했을 때 필요한 것은 경제적 손실을 신경쓰기보다 마음의 데미지를 최소화하고 다시 일어나서 시작하는 거야. 돈은 다시 벌면 되거든. 그런데 사람 마음이 당장 눈앞에 얼마의 손실만 눈에 보여.

마음이 아프고 그동안 고생한 거 생각하면 눈물이 나겠지만 그래도 이 악물고 다시 일어나서 앞으로 가야 해. 그렇게 몇 번 실패를 경험하고 이겨 내면 어느새 성공해 있을 거야."

철저하고 꼼꼼하게 업무를 하는 스타일이어서 사업은 항상 성공했을 것 같았던 멘토도 실패를 경험한 적이 있었다.

"사람 일이 나 혼자 잘한다고 되는 게 아니더라고."

회사를 나오고 얼마 있다가 지인이 감언이설로 지금 화폐 가치로 몇억 원을 빌려서 잠적했다고 한다. 물론 알고 지낸 지 십 년이 넘은 친한 사이

여서 크게 의심하지 않았다고 한다.

"나중에 알고 보니까 친하게 지내던 무리들이 전부 지인에게 돈을 빌려줬더라고. 개중에는 빌려준 사람도 있고 투자한 사람도 있고. 오랫동안 친하게 지내는 지인이 그럴 줄 누가 알았겠어. 그 당시 나한테는 큰돈을 잃은 거라 속도 많이 상하고 그랬는데 생각해 보면 다 내 잘못이고 그때 이후로 사람들이랑 돈 거래를 안 하게 되어서 값비싼 수업료였다고 생각해."

사업을 본격적으로 시작하기 전에 지인과 돈 거래로 문제가 생기고 나서는 절대 사람 사이에 돈 거래는 안 하게 되었다고 했다. 사업을 하면서 돈을 바로 안 주는 거래처는 원칙을 지키면서 사업을 해 나갔다. 업계 관행을 이야기하며 껄끄러운 대화가 오가기도 했지만 나중에는 업무에만 집중할 수 있어서 편하다고 했다.

"내가 젊을 때 잃었던 돈에 집착하면서 괴로워하고 자책했으면 난 아마 지금도 그 수준에 머물러 있을 거야. 이미 일은 벌어졌으니 어쩌겠어. 빨리 정신차리고 다시 시작하는 수밖에 없는 걸. 속이 말이 아니고 힘들어도 바뀌는 게 없으면 그냥 털고 일어나야지 뭐."

멘토가 사업을 시작하고, 키워 나가면서 겪었던 많은 문제들에 비하면 그 당시 지인의 사기로 금전적인 손실을 입은 것은 큰일이 아닐 수도 있을 것 같았다. 아니면 그때부터 실패나 고난을 이겨 내는 방법을 배워 나가면서 마음을 다져 나가는 중이었을 수도 있다.

실패. 누구나 만나고 싶지 않은 단어이지만 살다 보면, 그리고 성공을 위해 달려가다 보면 한 번쯤 마주칠 수 있는 불쾌한 손님이다. 중요한 것은 실패를 어떤 상황에서 경험하느냐가 아니라 어떻게 빨리 이겨 내서 다시 시작하느냐 일 것이다. 실패는 누구나 경험할 수 있지만, 잘 이겨 내는 것은 사업을 하는 사람들의 어려운 숙제이다.

11.

두려움을 이겨 내는
사업가 정신

"형석아, 사업 준비는 잘돼가?"

천억 건물주 멘토를 오랜만에 만나면 멘토는 준비하면서 실수하는 것은 없는지 매번 체크하면서 조언해 주신다.

"사업 준비하면서 요즘 제일 고민되는 거는 뭐야?"

사업을 해야겠다고 마음먹고 책도 많이 읽으면서 이런저런 분야에 대해서 고민도 했다. 그러면서 제일 큰 고민이 생겼다. '두려움'이다. 아직 젊고 겁이 없던 20대도 아니고 이제는 한 집안의 가장으로서 자식이 있다 보니 실패에 대한 두려움이 컸다.

안정적인 월급을 못 받는다는 게 압박감으로 다가왔다.

"이제 진짜 회사를 나가서 사업을 해야겠다고 생각을 하니 두렵습니다."

멘토는 내 얘기를 듣더니 고개를 끄덕이셨다.

"형석아, 지금 느끼는 두려운 감정은 사람이면 누구나 생기는 거야. 네가 나약해서도 아니고 다만 막연하게 회사를 때려 치고 사업이나 해야겠다가 아니라 회사를 그만두고 사업을 시작하려고 마음을 먹으니까 반대 급부로 생기는 당연한 마음이야.

사업을 시작하려고 할 때 두려움과 무서움같이 부정적인 느낌들을 많이 경험하게 돼. 두렵고 무서우면 많이 움직여. 사무실 책상에만 앉아 있으면 안 되고 외부로 나가서 사람들을 많이 만나서 대화를 나누고 거래를 할 만한 곳들을 찾아가서 나를 알리기도 해. 행동할수록 두려운 감정은 절반으로 줄어들 거야.

막상 사업을 시작하면 매출 걱정과 직원 스트레스같이 신경 쓸 게 훨씬 많아지지만 시작하기 전의 막연한 두려움은 없어져. 매출이 안 오르는 것은 내가 노력을 더 하면 되는 거고 새로운 기회를 찾으려고 계속 알아보면 되는 거니까."

천억 건물주 멘토의 조언을 듣고 보니 회사 책상에 앉아서 이런저런 생각을 할 때 두려운 감정이 많이 드는 것 같았다. 회사에서 바쁘면 이런 고민을 할 여유조차 없으니. 두려움은 누구나 사업을 시작할 때 갖는 감정일 뿐이다. 아직 시작도 안 했으니 미리 겁먹지 말자. 나는 잘할 수 있다. 노력하고 최선을 다하면 좋은 결과가 있을 것이다. 그건 인생의 진리다.

회사 책상 앞에 수첩을 놓아두고 사업에 대한 고민이 생길 때마다 메모를 시작해야겠다. 불필요한 걱정을 하기보다 매출에 대한 고민과 거래처에 대한 생각을 더 하면서 생산적이고 긍정적인 곳에 에너지를 쏟아야겠다.

12.

사업가가 누리는
경제적 보상과 자유

천억 건물주 멘토는 처음 사회생활을 직장인으로 시작했다. 회사에서 높은 성과를 내면서 주목을 받았고, 인정을 받던 도중, 퇴사를 하셨다.

"나는 누구보다 열심히 일을 했고, 덕분에 높은 성과를 냈지만 나에게 돌아오는 것은 칭찬 한마디와 인사 성과. 그게 다였어."

직장인으로서 당연하게 받아들여지는 보상이었지만 멘토는 생각이 달랐다.

"나는 하루 종일 일만 생각했고 야근과 주말 근무를 반복하면서 겨우 이루어 냈는데 회사에서는 회사 이름으로 얻어낸 결과로 인정하는 분위기였어. 선배들에게는 일 시작한 지 얼마 안 된 초짜 신입이 해 봤자 얼마나 하겠냐면서 깔보는 느낌도 있었어.

그때 깨달았어. 직장인은 결국 직장에 다니는 많은 사람 중에 한 명일 뿐이구나.

내가 열심히 노력해서 만족할 만한 결과를 얻고 싶으면 직장을 다니면 안 되고 내 사업을 해야 하는구나."

멘토는 처음 직장을 다니기 시작할 때를 얘기해 주면서 열정 가득한 그때 시절로 돌아간 듯했다. 어쩌면 멘토는 놀라운 성과를 계속 보여 주던 첫 직장을 계속 다녔다면 지금쯤 임원이 되어 승승장구 했을 것이다.

그러나 멘토는 직장인의 현실을 깨닫고 재빠르게 사업가의 노선을 걷게 된다. 아무리 열심히 노력하고 좋은 성과를 내도 경제적인 보상에 한계가 있는 월급쟁이 직장인.

업무 성과 이외에도 사내 정치 등에 따라 승진이나 연봉 협상이 달라지는 직장인.

"매달 꼬박꼬박 안정적으로 월급을 받을 수 있고, 특별히 큰 실수를 하지 않으면 정년까지 근무할 수 있는 회사 분위기. 선후배들과 잘 지내면서 매일 만족하며 회사를 다니고 있다면 지금처럼 계속 직장인 생활을 하면 된다. 그러나 어느 순간 사내 정치를 해야 하는 현실이 극도로 싫어지고 온전히 일만 생각하면서 열심히 뛰어다니고 싶은 열정으로 가득 차 있고 열심히 한 만큼, 좋은 결과가 나온 만큼 경제적인 보상을 원하고 있다면 내 사업체를 만들어서 내 사업에 도전해 보자.

내 사업을 시작해서 견디고 버티다 보면 차차 부자의 대열에 합류하게 될 것이다."

천억 건물주 멘토는 차분하지만 단호하게 사업가의 길에 대해 설명해 주셨다. 직장인과 사업가 중에 어느 길을 선택할 것인가?

13. 성공한 사업가의 숨겨진 노력

천억 건물주 멘토는 돈을 많이 벌고 싶다면 사업을 해야 한다고 했다. 사업. 너무 멋있지만 마음의 장벽이 높기만 한 분야이다. 왜 사업을 해야 돈을 많이 번다고 하는 거지? 멘토에게 질문하자 멘토는 잠시 생각에 잠긴 후에 대답을 하였다

"사업가가 왜 부자가 되는지 설명해 줄게. 형석이는 회사에서 열심히 일을 하고, 퇴근 시간이 되어 회사에서 나오면 무슨 생각을 하지? 아마도 핸드폰을 보면서 머릿속에 담긴 업무 생각들을 비우고 퇴근을 하겠지. 사업가들은 어떨까? 사업을 하게 되면 하루 종일 일을 한다고 보면 돼. 아침에 일어나면 신문, 뉴스를 보면서 관련 업계의 소식들을 보고 새로운 기회나 위협 요소가 있는지 확인을 해. 회사에 출근해서 잠깐 업무를 하고 점심 약속이 있어서 놀러 가는 것 같지만 거래처 대표와 점심을 먹는 거고 새로운 사람을 소개받으면 식사 시간을 늘려서 친해지려고 노력해. 사람이 돈을 벌어다 주는 것이기 때문에 사람을 많이 알아가고, 소개를 받는 데 신경을 쓰게 돼. 그래서 저녁에도 일과 관련된 사람들을 만나서 시간을 보내는 거야. 하루 일과가 끝나고 집에 들어오면 하루 일과를

정리하면서 사업에 도움이 될 사람들을 정리하고 다음에 다시 만날 약속을 잡은 후에 잠자리에 들게 돼. 물론 틈틈이 운동도 해야 하고 가족들과 시간도 보내야 하지만 사업이 최우선이고 하루 종일 일만 생각하고 있어서 일 외에 다른 것에 시간을 할애하기가 어렵게 돼.

사업을 하면서 돈을 많이 버는 건 사업가가 하루 종일 일만 하기 때문이야. 하루 종일 일만 생각하고 있으니까 그렇게 몇 년간 버티다 보면 돈을 많이 벌 기회를 잡게 되는 거야. 온종일 한 가지만 생각하면 막힌 문제도 해결책이 보이기 마련이고, 골똘히 고민하다 보면 새로운 거래처에 대한 아이디어도 떠올라. 일에 미쳐야 가능한 거야.

사업가는 일에 미칠 수 있기 때문에 성공하는 거고, 원하는 결과를 낼 수 있는 거야. 그래서 사업가가 돈도 많이 벌고 부자가 되는 거야."

드라마에서 보는 사업가의 모습과는 너무 달랐다. 사업가가 되면 회사에 자주 안 나가고 매일 놀기만 할 것 같았는데 하루 종일 일만 생각하고, 매출을 높이기 위해 사람들을 많이 만나면서 기회를 늘려가는 일상. 하루에도 여러 번 생기는 문제들을 직접 해결하면서 스트레스를 받고, 직원들이 생각만큼 책임감 있게 일을 안 하기 때문에 대표가 직접 챙기면서 스트레스를 받는 게 일상이었다 아침이 되어 눈을 뜨면 회사 업무가 시작되고, 밤늦게 잠이 들어 꿈속에서도 틈틈이 일을 하기 때문에 24시간 일을 하고 있었다. 하루 종일 강도 높은 일을 계속 이어나가는 게 사업가였다.

14.
좋아하는 일보다
잘하는 일을 선택하자

천억 건물주 멘토를 만나 커피를 마시며 근황에 대해 이야기를 나누고 있었다.

"형석아, 요즘 뭐 하면서 지내니?"

마침 그 당시에 관심이 있어서 열심히 공부하던 분야가 있어서 말씀드렸다.

"지금 하고 있는 부동산과 전혀 다른 새로운 분야인데? 왜 그걸 하려고 하지?"

멘토는 걱정스러운 눈빛으로 나를 바라보며 질문을 이어가셨다.

"앞으로 유망한 사업 분야라고 생각합니다. 아직 대중화되어 있지 않다고 보고, 이 분야를 열심히 공부하고 진출해서 선점하고 싶습니다."

멘토는 고개를 숙여 커피를 한 모금 마신 후에 입을 열었다.

"형석아, 이제 정신 차리고 돈을 벌어야지. 언제까지 너 하고 싶은 것만 하면서 살래? 어린 왕자같이 상상 속의 세계에서 그만 나와서 현실을 봐 봐. 네가 왜 지금처럼 지내면 안 되는 건지 다시 생각해 봐. 네 가족들을 생각해서 정신차려."

멘토는 맞는 말씀만 하셨다. 새로운 분야에 관심이 생겨서 책들을 읽으면서 멘토에게 말씀드리면 혼날 거 같아서 걱정이 되긴 했었다. 멘토는 직언을 이어가셨다.

"형석아, 이제 너는 네가 좋아하는 일을 할 시기는 지났어. 지금부터 네가 가장 잘하는 일을 해서 가장 빨리 돈을 벌고 많이 버는 방법을 찾아."

흔한 주제인 좋아하는 일과 잘하는 일 중 어떤 것을 선택해야 할 것인지에 대해 멘토는 분명하게 해답을 주셨다. 잘하는 일을 해야 성과가 바로 나오기 때문에 실패할 확률을 줄일 수 있다. 실패를 최소화하고, 열심히 해서 성과를 높여 나가는 것. 이게 바로 사업 초반에 자리를 잡을 수 있는 중요한 원칙이라고 하셨다. 잘하는 일을 시작하더라도 시행착오를 겪게 될 것이고 문제가 생길 것이다. 그래도 잘 아는 분야이기 때문에 문제가 생기더라도 해결책을 서둘러서 찾을 수 있는 장점이 있다. 그동안 일을 경험한 시간만큼 남들보다 앞서나가는 것이다. 그 강점을 살려서 일을 해야 성공 확률을 높일 수 있는 것이다.

"형석이가 잘하는 분야에서 사업을 시작하려고 마음먹었으면 차근차근 준비해 나가도록 해. 분명히 기회가 있을 테니까."

멘토의 마지막 조언은 사업에 대해 두려움을 가지고 있는 나에게 큰 힘이 되었다.

15.

사업을 성공으로 이끄는 내면의 힘

천억 건물주 멘토에게 사업을 해야 돈을 많이 벌고 부자가 될 수 있다는 것을 배워 가던 즈음, 멘토가 말했다.

"형석아, 네가 사업을 하려면 우선 강해져야 해. 사회는 전쟁터랑 똑같아. 남들과 싸워서 이겨야 살아남고 돈을 챙겨갈 수 있는 거야. 남들을 많이 이길수록 경제적인 이득을 누리는 거야. 그러기 위해서는 너 스스로 강해져야 해."

지금까지 살면서 단 한 번도 강해져야 한다는 생각을 해 본 적이 없었다. 강해짐이 정확히 어떤 뜻일까 궁금했는데 멘토는 조언을 이어나갔다.

"너를 보면 착하다는 느낌이 들거든. 사업가는 착한 느낌보다 강한 느낌이 들어야 해. 사업을 젊을 때부터 시작한 사람들은 자연스럽게 강한 느낌이 몸에 베게 되는데 너는 달라. 직장을 오래 다니고 사업을 준비하려다 보니 직장을 다닐 때 순응적인 모습, 사람들과의 관계에 신경 쓰고 배려하는 게 자칫 약점으로 느껴질 수도 있는 거야."

주위 사람들을 배려하고 신경 쓰다 보니 그게 내게 부담으로 다가온 적은 있었다. 그래서 탈피하려고 책도 읽어 봤지만 성격이 쉽사리 바뀌지 않아서 그러려니 하고 지금껏 신경을 안 쓰고 지내 왔다.

"사업은 모두 다 이득을 보기는 어려워. 그래서 내가 이득을 보기도 하고 양보를 하기도 하면서 서로 협상을 자주 하게 돼. 그런데 장기간 관계를 이어오는 파트너면 상관없지만 단발성 계약을 하는 파트너는 어쩔 수 없이 내게 유리한 조건으로 협상을 해야 해. 그래야 내가 이득을 보니까. 특히 사업 초기에는 내가 이득을 보는 시스템이어야 선순환으로 계속 발전할 수 있거든. 말하고 행동하는 것은 몰라도 너의 속마음은 아주 강력해야 해. 어떤 상황에서도 유리하게 협상을 이끌어야 하고, 나에게 도전하는 경쟁자는 철저하게 복수해서 물리쳐야 해. 얼굴은 웃고 있지만 마음 한 켠에 칼을 쥔 채로 순간순간을 버텨야 하는 거야.

네가 강해지고 단단해져서 거래처와 유리하게 협상하고 문제가 생길 때 유연하게 대처할 수 있어야 진짜 사업가가 되는 거야. 그 과정 중에는 많은 일들을 경험하게 될 거고, 사업을 그만두고 싶은 순간이 하루에도 몇 번씩 올 거야. 그렇게 커 나가고 강해지는 거야."

왜 사업은 힘들기만 한 걸까? 생각해 보면 회사를 다니면 업무들이 다양하게 분업화되어 있고, 직원들은 자기가 맡은 업무만 열심히 하면 된다. 그러나 사업은 초기에 직원이 없으면 대표가 혼자서 모든 업무를 처리해야 한다. 외부 업무도 보고 거래처 미팅도 하고 네트워킹을 위해서 저녁에 사람들을 만나다 보면 일할 시간이 없다. 그 와중에 문제가 터져서 해결해야 하는 게 하루에도 몇 번씩 생기면 몸이 열 개라도 부족하다. 매출이 어느 정도 나와서 직원들을 채용해서 안정적으로 운영이 될 때까지 버티는 것이다. 내적으로 강해지는 것. 남들을 배려하는 생활이 아니라 일만 생각하면서 사람들을 만나 협상에서 승리하는 것. 사업이라는

것이 어찌 보면 내가 강해지고 성장해 갈수록 회사도 같이 커 나가는 것
이라는 생각이 든다. 지금부터 강해지자.

16

성공한 사업가의
마음을 얻는 노하우

천억 건물주 멘토와 사업에 대해 이야기하던 중 멘토가 질문하였다.

"형석아, 네가 하는 분야에서 사업으로 성공한 사람이 있어? 그럼 그분을 찾아가서 어떻게 성공했는지 배워. 네가 사업을 키워 나가면서 시행착오를 겪는 엄청난 시간을 줄일 수 있으니까. 단, 성공한 사람이 너에게 노하우를 알려 줘야 하는 이유를 네가 만들 수 있어야 해."

막연하게 사업을 할 생각을 하면 안 되고 그 분야에서 이미 성공을 거둔 사람을 찾아가 그 사람의 성공 노하우를 배워야 몇 년은 빨리 사업을 키울 수 있다고 했다. 그런데 동종업계로 들어오려고 하는 사람에게 자신의 노하우를 알려 주는 사람이 있을까라는 생각이 들었다. 내 경쟁자가 될 수도 있는 사람에게 내가 그동안 쌓은 노하우를 알려 줄까 싶었다.

"형석아, 네가 아직 회사를 다니고 있어서 그런 생각을 하는 거야. 해당 분야에서 겨우 자리를 잡은 사람은 인색하게 대할 수도 있어. 그렇지만 한 분야에서 성공하고, 이름을 이야기하면 누구나 알 만한 사업가는 마인드가 다르기 때문에 그 위치에 올라간 거야. 네가 성공한 사업가의 마음에만 들면 자신의 노하우를 기꺼이 알려 주고 많은 기회를 줄 거야. 어떻게 해야 그분의 마음에 들 수 있을지는 너의 숙제야."

생각해 보면 내 주변에 성공한 사업가는 멘토뿐이었다. 그래서 성공한 사업가가 어떤 생각을 하는지 전혀 모르고 있었던 것일 수도 있다. 일단 내가 일을 하고 있는 분야에서 성공한 사업가가 누가 있는지 떠올려 보았다. 멘토의 말대로 떠오르는 사람이 있었다. 유명했고 돈도 많이 벌었다. 압도적 1위였다. 그럼 그분을 찾아가서 어떻게 노하우를 배우지? 그게 바로 멘토가 내준 숙제였다.

여기에서 성공한 사람과 성공을 못 하는 대부분의 사람이 나뉠 것이다. 멘토가 내준 숙제를 직접 하면서 성공한 사업가의 노하우를 배우게 되면 나 역시 사업가로 자리매김하는 것이고, 그냥 고민만 하다가 멈추면 직장인 인생으로 멈추는 것이다.

성공한 사업가는 기존에 하고 있는 사업도 바쁘고, 새로운 사업을 준비할 수도 있다. 사업 파트너들을 만나느라 바쁘고 골프 같은 취미 활동으로 바쁠 수 있다. 그 시간을 쪼개서 처음 보는 나에게 노하우를 알려 줘야겠다고 마음먹게 하려면 어떻게 해야 할까? 멘토가 내준 숙제의 난이도가 너무 높다. 해답이 있으면 좋겠지만 이번에는 문제만 있고 해답이 없다. 무작정 찾아가서 나를 키워 달라고 무대포 작전을 써야 하나? 아니면 진심을 담아서 이메일이나 손 편지를 써야 하나? 성공한 사업가가 좋아할 만한 것을 선물해서 마음에 들어야 하나?

멘토가 내준 숙제에 대해 고민을 하고 적절한 대안을 찾아서 행동으로 옮기면 내게도 좋은 기회가 찾아올 것이다. 지금 다시 노트를 꺼내서 생각을 정리해 봐야겠다.

17.

책으로 배우는 사업 노하우

천억 건물주 멘토에게 사업에 대해 배우고 있는데 갑자기 궁금해졌다. 이렇게 맨손으로 시작해서 사업을 성공하여 막대한 부를 이룬 멘토는 사업을 누구에게 배운 거지?

"나는 멘토 같은 거 없었어. 사업은 처음이라 전혀 모르겠는데 물어볼 사람이 없어서 너무 힘들었어."

간단했다. 멘토 없이 혼자 힘으로 사업을 시작해서 키워 나갔고 결국 성공시켰다. 책에서 흔히 보는 성공한 사람들의 공식.

"아는 게 없으니까 책을 닥치는 대로 읽었어. 처음에는 경제 경영 책들을 읽었는데 읽다 보니까 동·서양 고전까지 읽었지. 책을 읽어 나갈수록 사업가 능력치가 올라가더라고. 책을 읽다 보면 어제까지 고민하던 문제의 해결책이 떠오르기도 했어. 특히 고전 책들이 중요한 의사결정을 할 때 도움이 많이 됐어."

역시 답은 책이었다. 멘토는 물어보고 의지할 스승이 없어서 오로지 책을 멘토로 삼아 계속 읽었다. 좋은 책은 여러 번 읽고 또 읽으면서 생각할 시간을 많이 가졌다고 했다. 중·고등학교 학생들이 꼭 읽어야 할 동·서양 고전 책이라고 소개되는 책들을 꼭 읽어 보라고 추천하셨다.

"사업을 하면 스트레스가 너무 심해. 그래서 생각을 정리하고 마음을 안정시키는 게 중요한데 책이 가장 효과적이야."

핸드폰은 멀리하고 책을 많이 읽어야 한다고 하셨다. 핸드폰. 요즘 부쩍 핸드폰 사용시간이 늘었는데 멘토가 눈치를 챘는지 정곡을 찌르는 조언을 했다.

"책 읽는 것도 습관이야. 처음부터 어렵거나 유명한 책을 읽으려고 하면 며칠 시도하다가 포기하거든. 지금 서점에 가서 내가 읽고 싶은 책을 한 권 사서 읽어 봐. 분야는 상관없어. 그 책을 읽고 나면 조금씩 읽고 싶은 책에서 읽어야 하는 책으로 넘어가는 거야. 경제 경영 쪽 책을 읽으면 회사 운영하는 것에서부터 세상 돌아가는 것까지 배울 수 있을 거야."

처음에는 책 읽는 습관을 들여야 하고, 책 읽는 게 자연스러워지면 그때부터는 사업에 대해 직접 쓴 책, 경제 경영 전반에 대한 책들을 읽어 나가면 된다고 했다. 핸드폰 하는 시간이 책 읽는 시간으로 바뀌면 인생에 큰 변화가 생길 거라고 했다.

"습관이 무서운 법이야. 핸드폰만 하면서 하루를 보내는 거랑 시간이 날 때마다 책을 읽고 생각을 정리하는 인생이 어떻게 같을 수 있겠어? 성공한 사람들은 책을 많이 읽는다는 걸 꼭 명심해."

이제는 핸드폰을 멀리하고 책을 가까이해서 멘토가 추천하는 책들을 자주 읽어야겠다.

18.

소송 대신 선택한
신뢰 회복의 비결

천억 건물주 멘토가 사업을 하던 시절에 대해 이야기하던 중 흥미로운 부분이 있었다.

"그때 진짜 고민됐어. 소송을 하면 돈은 받아낼 수 있을 것 같았거든."

멘토가 사업을 하면서 거래처와 문제가 생겨서 경제적으로 손실을 봐야 하는 상황이었다. 거래처의 잘못이 분명했고, 입증도 가능한 상황인데 자꾸 거래처는 책임을 멘토에게 돌리고 있었다.

"계속 억지를 부리면서 내 잘못이라서 돈을 못 주겠다고 나오는 거야. 누가 봐도 분명한데. 그러니까 열이 받더라고."

내가 아는 멘토는 거래처의 잘못이 분명하니까 잘 협의해서 경제적으로 손실을 받지 않는 선에서 받거나 아니면 소송을 해서라도 받아낼 것 같았다.

"아무리 생각해도 이거는 돈을 다 받거나 안 되면 소송을 해서라도 받아내는 게 맞는데 망설여지더라고. 자문 변호사한테 물어봐도 완전히 받을 수 있는 상황이라고 법적 검토까지 마쳤는데도. 한참을 고민하다가 거래처도 사정이 있었겠지 하고 돈 받는 걸 그만뒀어."

멘토는 소송같이 극단적인 방법을 선택하는 대신 기다리기로 했다. 그리고 몇 개월이 지나 우연히 거래처 대표와 모임에서 만나게 되었다고 했다.

"거래처 대표를 만나 잘 지내는지 근황을 묻는데 표정이 좋지 않더라고. 왜 그런지 물어보니까 핵심 직원이 문제를 일으켜 회사에 큰 손실을 입히고 퇴사를 했다는 거야. 그런데 문제를 일으킨 직원이 우리 회사에 돈을 못 주겠다고 한 그 직원이었거든."

거래처를 관리하던 직원이 돈을 횡령했던 사건이었고, 그 피해 회사 중 하나가 멘토의 회사였던 것이다. 멘토의 회사에 입금하는 것처럼 서류를 꾸며 개인 계좌로 빼돌린 것이다. 그 사건 이후로 거래처 대표는 직접 발로 뛰면서 회사를 다시 일으키기 위해 노력을 했고, 몇 년 후에는 다시 예전 수준으로 올려놓았다.

"몇 년 후에 거래처 대표가 그러더라고. 직원이 돈을 횡령하면서 돈을 못 받은 거래처들이 대표한테 전화해서 욕하고 난리도 아니었는데 유일하게 자기한테 연락 안 하고 기다려 준 사람이 나였다고."

멘토는 극단적인 방법은 선택하지 하지 말라고 했다. 거래처와 문제가 생겨서 소송을 하게 되면 단기적으로는 원하는 결과를 얻어낼 수는 있지만 장기적으로는 신뢰와 평판에 문제가 생긴다고 했다. 사업에서 거래처와 관계를 유지하는 데에는 신뢰가 중요하기 때문에 당장의 손실을 감수하더라도 지켜야 한다고 했다.

"문제가 생기면 적당한 수준에서 끝내야 해. 끝을 보면 끝이 좋지 않아. 경쟁자와 거래처는 대하는 게 달라. 경쟁자는 끝을 봐야 하지만 거래처는 내가 손해를 보더라도 그냥 지나가면 나중에는 그 이상으로 돌아오게 될 거야. 거래처도 내가 손해 보는 거 다 알거든."

멘토가 사업을 성공할 수 있었던 것도 문제가 생겼을 때 유연하게 대처했기 때문이었다.

19

직원을 감원해야 하는
어려운 선택과 책임

어느 날 멘토를 만나 식사를 하려고 사무실에 도착해서 기다리는데 멘토에게 전화가 왔다. 평소와 달리 업무를 할 때 진지한 멘토의 표정이 나오고 한참 대화를 나눈 후에야 통화를 마치셨다.

"친하게 지내는 대표인데 직원하고 문제가 생겼다고 해서 조언을 해 주느라고."

식사를 하면서 멘토가 설명을 해 주셨다. 회사를 잘 운영하고 규모가 커지면서 직원도 많이 채용했는데 일부 사업부문을 재조정하면서 인력 감원을 진행하게 되었고, 그 과정에서 퇴사하는 직원과 문제가 있었던 것이다.

"사업은 사람이 전부일 만큼 직원 관리가 제일 힘들지만 그만큼 중요해. 특히 이번 일처럼 불가피하게 같이 일하던 직원을 감원해야 할 때에는 신중해야 하고, 많이 알아봐야 문제가 안 생기는 법이야."

우리나라는 근로자를 위한 법률 규정이 까다롭기 때문에 퇴사를 할 때에는 직원들과 대화로 소통하면서 서로 기분이 나쁘지 않게 양보하면서 진행해야 문제가 없다. 대표 입장에서는 사업 운영상 불가피하게 직원을 감축하는 거고, 직원 입장에서는 열심히 다니는 회사에서 갑자기 해고되는 상황이므로 서로 다른 입장에서 감정이 상하지 않게 대응하는 것이 중요한 것이다.

"직원을 감원해야 하는 상황이면 직원에게 현재 상황을 자세하게 설명하고 필요한 게 있으면 최대한 도와주겠다고 직원에게 얘기를 하고 실제로 많이 도와주려고 노력해야 직원 입장에서도 받아들일 수 있는 거야. 채용하는 것보다 감원하는 게 몇 배는 더 힘들어."

멘토에게 조언을 구한 대표 역시 퇴사하는 직원이 불만을 품고 소송을 걸어와서 신경을 쓰느라 힘든 상황이라고 했다. 어제까지 회사를 위해 일해 주던 직원과 지금은 감정 대립이 심해져 소송을 해야 하다 보니 대표도 스트레스를 많이 받고 있었다.

"사업이 힘든 것은 모든 걸 내가 결정하고 책임져야 한다는 것이야. 그래서 그 대가로 직장인들보다 경제적인 부분에서 만족하며 지내는 거고."

사업을 하면서 매출을 올리고, 비용을 줄이고, 새로운 기회를 찾고, 직원들을 관리하고, 거래처들과 돈독한 관계를 이어나가는 등등 신경 써야 할 게 너무 많다. 이러한 것들을 문제없이 잘 운영해 나갈 때 회사가 성장하고 발전하는 것이다.

20.

동업은 사업을
함정에 빠뜨린다

천억 건물주 멘토가 사업을 한창 키워 나가고 있던 시점이었다. 사업에 모든 것을 걸고 몇 년간 열심히 일해서 회사가 목표한 수준에 도달하였고 만족하고 있을 때였다.

"이제 사업이 안정되어 간다는 생각이 들 때였어. 안정적이라는 감정을 몇 년 만에 느끼다 보니 새로 뭔가를 해야 할 것 같은 열정도 생기면서 한편으로는 이 정도면 되려나 생각할 때였어."

잘 알고 지내는 지인이 부쩍 자주 연락이 와서 만나는 빈도수가 많아졌다고 한다. 마침 사업도 안정기에 접어들어서 시간적으로, 심적으로 여유가 있어서 같이 시간을 보냈다고 한다.

"모임에서 오랫동안 잘 알고 지내는 지인이 단둘이 식사를 하자고 하더라고. 자주 만나서 얘기를 하는데 자꾸 본인이 좋은 사람이고 얘기하면서 의리와 신뢰를 중요하게 생각한다고 어필을 계속 했어. 그분을 만나는 내내 부자연스러운 느낌이 들었어."

이제 막 서로 알아가는 단계에서 본인을 설명하는 것은 이해할 수 있는데 이미 수십 년을 알던 사이에 그런 말을 본인이 직접 하는 게 의아했다고 했다.

"뭔가 불편한 느낌이 든다는 건 불길한 촉이 발동한 거야. 그걸 따르는 게 맞았어."

부쩍 자주 만나던 지인이 불쑥 사업을 제안했다고 했다. 기존에 멘토가 운영하는 사업을 키울 수 있는 방법을 제시한 것이었다. 안정과 확장을 고민하던 시기에 달콤한 제안이었고, 지인의 커리어를 이용하면 누가 봐도 멘토의 매출이 오를 것을 기대할 수 있었다.

"너무 가까운 지인이었고, 커리어가 확실했기 때문에 투자를 진행했어."

결론적으로 사업을 확장하기 위해 지인에게 건너간 투자금은 사라져 버렸다. 새로운 판매 루트에서 업무를 하고 있었고, 오랜 기간 알고 지인도 연락이 두절되었다.

'생각해 보면 사업을 하면서 새로운 거래처를 만들게 될 때에는 서로 이익을 배분하는 수익 구조와 민감한 계약 조건들을 협상하고 조율하면서 불편한 시기를 보내게 돼. 그렇게 경제적인 부분을 분명히 하고, 그것을 전면으로 내세워서 계약을 하기 때문에 막상 계약이 끝나고 업무를 시작하면 서로 문제없이 진행되는 거야. 그런데 경제적인 것은 뒤로하고 그 사람을 믿은 채 진행했던 게 문제였어. 그것을 깨닫는데 수업료를 많이 낸 거고.'

업무로 연결이 되기 위해서는 경제적인 부분을 서로 조율하면서 협상하는 게 가장 중요했다. 사람이 좋고, 의리가 있고 그런 것은 어릴 적 친구들끼리 술자리에서 나누는 대화일 뿐이다. 경제적 손실 이외에 가까운 지인의 배신이라는 심적 고통도 겪은 멘토가 덤덤히 말하는 모습을 보면서 어찌 보면 이 에피소드는 멘토가 사업을 하면서 숱하게 겪은 힘든 일 중 하나일 뿐이라는 생각이 들었다.

21.

사업을 해야 하는
사람의 성격

천억 건물주 멘토를 만날 때마다 멘토가 한 번씩 물어본다.

"형석아, 회사는 다닐 만해?"

마음 편하게 회사를 다니는 직장인이 얼마나 있을까? 회사에서 있었던 힘든 일을 멘토에게 말씀드렸다. 철없는 제자의 넋두리를 멘토는 귀 기울여 들으시고는 이야기했다.

"형석아, 직장인이 성격에 맞는 사람이 있고 아닌 사람이 있어. 사람을 만나 어울리면서 일하는 것을 능숙하게 하는 성격은 직장 생활이 맞는 거야. 흔히 말하는 처세술에 능한 사람이지. 반대로 이 사람 저 사람 대응하고 관계하는 것보다 일만 집중해서 잘하고 싶어 하는 성향은 직장인보다 사업가 성향인 거야."

멘토 이야기를 들으면서 나는 회사에서 어떤 모습인지 떠올렸다.

"이건 성격, 성향에 대한 이야기라 무엇이 옳고 틀린 문제가 아니야. 본인의 성향에 맞는 곳에서 일을 하면 더 좋은 성과를 낼 수 있는 거야. 사람들과 잘 어울리고 관계 맺는 것을 잘하는 사람은 큰 조직에서 사람들과 원만하게 지내는 용의 꼬리가 마음 편한 타입인 거야."

사업을 하면 돈을 더 많이 벌 수 있지만 누구나 그 길이 맞는 것은 아니었다. 멘토가 그동안 나에게 사업을 하라고 이야기한 것도 내 성격을 파악해서 그랬던 것이다.

"형석아, 너는 네가 옳다고 생각하는 것은 회사 대표가 이야기해도 뜻을 굽히지 않을 성격이야. 그건 직장인보다 사업가에게 꼭 필요한 성향이야. 목표하고 계획한 것은 반드시 이루려고 하고 절대 포기하지 않는 의지. 넌 그걸 가지고 있어. 네 눈빛과 말과 행동을 보면 너무 잘 보여. 너는 뱀의 머리가 되어야 하는데 자꾸 용의 꼬리가 되어 사람들에게 치이니 네가 힘든 거야."

회사를 다니면서 힘든 게 다른 직장인들도 모두 겪는 고민일 거라고 생각해서 시간이 지나면 나아질 줄 알았는데 내 성격이 문제였던 것이다.

"형석이 네가 직장을 다니면서 느끼는 고통의 총 합계와 사업을 하면서 겪게 될 어려움의 총 합계를 비교해 보면 의외로 지금이 더 힘들 수도 있어. 너와 맞지 않는 환경에 너를 맞추고 있기 때문이야.

질문 하나 해 볼까? 만약에 네가 회사를 운영하는데 어찌하다 보니 이번 달에 매출이 하나도 안 나왔어. 그럼 너는 어떤 생각을 할 것 같아?"

내가 회사를 운영하는데 매출이 안 나온 건 오로지 내 잘못이지 누굴 탓할까 싶어서 말씀드렸다.

"그래. 넌 너의 전적인 책임이라고 생각하고 다음 달에 매출을 두 배 올려서 이번 달 적자를 메우려고 엄청난 노력을 할 거야. 그래서 네가 사업을 해야 하는 거야."

이미 멘토는 나를 잘 알고 계셨다.

나를 잘 아는 사람이 있고, 그분이 사업과 투자에서 크게 성공한 멘토라는 게 너무 감사했다. 이제 남은 것은 나의 실행뿐이다. 다시 한번 마음을 다잡고 실행 방법을 고민해 보자. 나는 할 수 있다.

22.

직원에게 최고의 복지는
일을 잘하는 방법을 가르치는 것

천억 건물주 멘토가 사업에 대해 설명하다가 직원에 대한 주제가 나왔다.

"형석아. 어떻게 하면 직원이 좋아할까? 월급을 많이 주면 당연히 직원이 좋아하지만 그럼 대표가 돈을 덜 가져가야 해서 그건 쉽지 않은 문제야. 사업을 하는 이유는 돈을 벌려고 하는 거니까. 월급을 더 못 주니까 일하는 시간을 줄이고 출퇴근 시간을 자유롭게 하는 거? 업무시간을 줄이면 회사 매출이랑 연결이 되기 때문에 그것도 쉽지 않은 문제야. 거래처와 고객들에게 제때 응답을 못 하면 매출이 떨어질 수 있는데 그것도 평일 업무시간에 일하는 직원이 적으면 즉각적인 대응이 쉽지 않을 수 있어. 내가 사업을 운영하면서 보니까 직원에게 가장 필요한 복지는 직원에게 일을 잘하는 방법을 알려 주는 거야."

색다르고 참신한 아이디어가 있을 거라고 생각했는데 멘토가 이야기를 이어나갔다.

"너무 고리타분한 대답이야? 근데 내가 사업을 하고 직원 관리를 몇십 년간 해 오면서 보니까 직원 중에 가장 고마워하는 케이스는 일을 제대로 배웠을 때 더라고. 나한테 일을 정석으로 배워서 이제 일을 잘한다는 생각이 드는 직원들은 퇴사하고도 한 번씩 연락이 와. 지금 자기가 잘나가고 있다고, 그때 일을 잘 알려 줘서 고맙다면서."

멘토는 직원들을 교육시킬 때 엄하게 가르친다고 했다. 그래야 빠른 시간에 업무를 익혀서 바로 실전에 투입할 수 있기 때문이다.

"자세하고 친절하게 알려 주면 자꾸 까먹고 늦게 배우더라고. 반대로 웃음기 빼고 냉정한 대표가 되어 직원을 가르치면 직원들이 더 긴장해서 그런지 빨리 배워. 내 이미지만 포기하면 업무 인수인계도 빨라지고 실수도 없어서 여러모로 좋아."

사업을 하는 멘토는 냉철하고 카리스마 있는 모습인데 직원 교육도 그렇게 했던 것이다. 그렇게 제대로 일을 배운 직원들은 배우는 동안 긴장감에 마음이 편치 않았을지 몰라도 나중에 다른 회사로 이직해서도 일을 잘한다고 인정받는 것이다.

"돈을 더 올려주고, 근무시간을 편하게 가져가면 지금 다니는 회사에서는 좋을지 몰라도 다른 회사를 가면 적응하기가 힘들어져. 동종 업계 임금수준이라는 것이 있고, 보편적인 업무시간 개념이 있는데 이미 좋은 조건에 적응했기 때문에 다른 회사에 만족하기 힘들어지는 거야. 당장은 달콤한 당근이 좋아 보이지만 그게 독이 될 수 있다는 것을 명심해야 해."

멘토의 이야기를 듣고 보니 다 맞는 말이었다. 직장인이면 이직을 불가피하게 할 수도 있는데 지금 회사보다 좋은 조건의 회사가 없으면 이직이 힘들고, 옮기더라도 적응하기 어렵다. 다른 회사보다 좋은 조건을 제시하려고 하기보다 평균 수준을 제공하면서 일을 잘 알려 주고 익힐 수 있는 업무 환경을 만들어 주면 그게 장기적으로 직원을 위한 혜택인 것이다.

23. 사업가는 나를 위해 일한다

천억 건물주 멘토가 회사를 다니는 나에게 자주 들려주는 이야기가 있다.

"형석아, 요즘 회사 일은 어떠니? 바쁘지? 모든 직장인들이 바쁘단다. 그럼 형석이가 왜 바쁘게 일하지? 매달 월급을 주는 회사에 형석이의 시간과 에너지를 바치는 거지. 그런데 사업하는 사람들은 어떨까? 사업을 이제 시작한 사람들은 직장인보다 더 열심히 일할 거고 사업이 자리잡은 사람들은 덜 일해도 되겠지만 돈은 직장인들보다 훨씬 많이 가져가.

그럼 직장인과 사업가의 가장 큰 차이점은 무엇일까? 직장인은 회사를 일하고 사업가는 나를 위해 일한다는 거야. 직장인은 월급을 주는 회사를 위해 일하지만 사업가는 내 회사, 나 스스로를 위해 자발적으로 더 열심히 일해. 어떻게 하면 내 회사의 수익을 높일 수 있을까 하루 24시간 고민하고 사람들을 만나 대화하면서 방법을 고민하는 거야.

나를 위해 일하는 사업가는 하루 온종일 고민하고 일을 하니까 더 많은 돈을 벌어 가는 거야."

직장인들은 하루하루 바쁘고 힘들다. 사업가들도 하루하루 바쁘고 힘들다. 힘든 건 두 부류 모두 똑같다. 누가 더 힘든지 절대적으로 비교할 수는 없겠지만 경제활동을 하는 두 부류 모두 자기가 제일 힘들다고 말할 것이다. 어차피 돈을 번다는 것은 힘든 일이다. 힘든 일을 하고 나서 결과물인 수익이 만족스럽느냐, 불만이냐 차이가 있는 것이다.

"형석이 네가 그 회사를 처음 입사한 날부터 나중에 퇴사할 시기까지 항상 '힘들고 그만두고 싶다.'는 생각이 들 거야. 열심히 일해서 인정받는 직장인들이면 누구나 그런 생각을 할 수밖에 없어. 나를 위해 일하는 게 아니고 회사를 위해 일하니까. 어차피 돈을 벌 거면 나를 위해 일하는 사업을 해. 어차피 일하느라 힘든 건 똑같은데 기왕이면 돈을 많이 벌 수 있고 자리만 잡으면 시간 여유도 생기는 사업이 좋잖아?"

모두 맞는 말이다. 내가 가야 할 길은 정해져 있다. 나를 위해 일하는 사업이라는 길이다.

"직장인이 사업을 할 때 가장 큰 장애물은 두려움이야. 안정된 월급을 포기하고 모든 위험을 혼자 감내해야 하는 사업이 두렵거든. 그 두려움만 잘 극복해서 몇 년만 고생하면서 열심히 하면 잘될 거야."

맞다. 난 지금 두려운 거다. 아무 준비도 없고 고정 수익도 없는 상태에서 원하는 만큼의 결과를 낼 수 있을까? 열심히 해도 매출이 안 나오면 어쩌지? 두렵다. 아무도 없이 홀로 전쟁터에 나가서 싸울 수 있을지 막막하기만 하다. 그러나 이겨 내야 한다. 그래야 내가 원하는 여유롭고 자유로운 인생을 살 수 있는 거니까.

24

비즈니스 네트워크의 중요성

천억 건물주 멘토가 사업에 대해 조언하다가 이야기했다.

"형석아, 퇴근하면 뭐 해?"

아직은 애들이 어려서 육아를 하느라 저녁에 개인 일정은 꿈도 꾸지 못하던 시절이었다.

"형석아, 혹시라도 사업을 시작해야겠다고 마음먹고 본격적으로 준비를 하게 되면 사람을 많이 만나야 해. 모임에 많이 나가서 너를 알려야 돈을 벌 기회를 잡을 수 있어. 사람들에게 너를 알리다 보면 누군가가 기회를 줄 거고 그 기회를 놓치지 않으면 되는 거야."

사업을 시작해서 매출을 높이는 거래처를 잡기 위해서는 사람들을 많이 만나면서 나를 도와줄 귀인을 찾아야 한다. 특히 동문회처럼 공통 분모로 서로를 이어주는 모임은 선배들이 후배를 아끼는 마음에 도와주는 경우가 많기 때문에 열심히 다녀야 한다고 했다.

"사업은 무조건 사람이야. 사람을 소중하게 생각하면서 계속 만나다 보면 좋은 기회를 잡을 수 있고 그렇게 사업이 커 나가는 거야. 열심히 모임을 나가면서 사람들을 많이 만나."

멘토의 조언은 다 맞는 말이었다. 사람들을 만나면서 기회를 찾다 보면 나를 도와주는 귀인을 만나 사업을 키워 나갈 수 있다. 성공한 사업가들의 책을 읽다 보면 늘 보게 되는 모습이다. 나의 귀인이 누구인지는 알 수 없기 때문에 사람들을 많이 만나면서 나를 알려야 했다.

"모임에 나가서 열심히 명함을 돌리면서 형석이 너를 알리려고 노력해. 방법은 네가 하고 싶어 하는 대로 하면 돼. 귀인을 만나는 데 방법은 중요하지 않으니까."

내 사업이 커 나갈 수 있도록 나를 이끌어 주는 귀인을 만나기 위해서 사람들을 많이 만나고 모임을 많이 나가야 한다는 멘토의 조언은 사업을 시작할 때 꼭 명심해야겠다.

25.

다양한 경험으로 사업을 성공시키자

천억 건물주 멘토를 오랜만에 만나서 식사 장소로 이동하던 중이었다.

"형석아, 요즘 회사에서 무슨 일 해?"

멘토가 회사에서 하는 일을 구체적으로 물어본 게 처음이라 자세히 설명해 드렸다. 내 얘기를 귀 기울여 듣던 멘토가 이야기했다.

"지금부터는 회사에서 가능한 많은 일을 해 봐. 다른 사람들 눈치보지 말고 나서서 다양한 일을 경험해 봐야 나중에 사업할 때 큰 도움이 되거든."

멘토는 사업을 시작하면 모든 업무를 혼자서 다 처리해야 하므로 가능하면 회사에 있을 때 미리 배우는 게 필요하다고 했다. 그리고 사업에서 매출을 올리는 분야도 가능한 모든 분야를 닥치는 대로 열심히 해야 한다고 했다.

"사업 초기에는 죽어라고 일만 해야 해. 분야? 그런 게 어디 있어. 그냥 돈 되는 거면 전부 다 해야 해. 돈 안 되는 일도 나중을 생각해서 해야 할 판인데 무슨 돈 타령이야.

네가 죽어라고 일만 하면서 들어오는 모든 일을 하다 보면 어디서 돈이 흘러 들어오는지 보이게 될 거야. 그렇게 몇 년이 지나면 안목이 생기는 거야. 그럼 그때 선택을 해서 집중적으로 일하면 회사가 급성장하게 될 거야."

몇 년간 다양한 분야를 일하면서 고생해야 진짜 돈 되는 기회를 잡을 수 있다. 잠깐 일해 보고 편해 보이거나 쉽게 돈을 벌 수 있을 것 같은 일을 선택하면 오래 못 간다. 진짜 돈 되는 알짜배기 일은 경쟁자들이 쉽게 못 들어오는 힘들고 어려운 일이다.

"남들도 이거다 할 만한 일은 돈이 안 돼. 3D 분야에 해당해야 진입장벽이 있어서 매출을 유지하면서 회사를 키워 나갈 수 있거든."

요즘 쉽게 돈 버는 일이 어디 있을까? 힘들고 어려워서 남들이 안 하지만 매출이 꾸준히 나오는 일을 찾을 때까지 노력해야 하는 거다. 지금 당장 회사에서 안 해 본 일을 시작해 봐야겠다.

26

사업 초기의 고통 속에 숨겨진 성공의 여정

천억 건물주 멘토에게 사업에 대해 조언을 듣던 중 놀라운 이야기를 들었다.

"형석아, 나는 스타렉스 승합차 뒷자리에 처음 사업을 시작했어."

좋은 회사에서 잘나가고 주목받는 직장인이었던 멘토였기에 직장을 그만두고 사업을 시작할 때 근사하고 멋진 사무실을 얻었을 거라고 예상했지만 결과는 정반대였다.

"사업을 시작할 때 비용을 최대한 줄여야 해. 그래야 자리를 잡을 때까지 버틸 수 있어. 매출이 올라와서 안정화될 때까지 돈은 무조건 안 쓴다고 생각해야 해."

항상 매출과 성장을 강조하던 멘토였는데 사업 초기에는 멘토 역시 성공한 기업가들처럼 차 뒷자리 한 켠에서 사업을 시작했던 것이다.

"눈물 젖은 빵을 먹어 봐야 사업을 성공할 수 있는 법이야."

멘토는 매출이 고정적으로 나오기 전까지 스타렉스 뒷자리에서 줄곧 일을 하다가 거래처가 생기고 매출이 안정적으로 나오기 시작하고 나서 지하 원룸을 사무실로 얻었다.

"지하 원룸이 얼마나 좋았는 줄 알아? 차에서 지내던 거에 비하면 말로 설명할 수가 없어. 화장실이 있어서 멀리 있는 상가 건물 화장실까지 안 가도 되는 게 너무 좋았어."

멘토가 사업을 힘들게 시작했다는 것을 처음 들었을 때에는 너무 놀랐다. 마치 기업 총수가 사업을 시작할 때 당시를 덤덤하게 이야기하는 느낌이었다. 나는 그동안 성공한 멘토의 모습만을 봐 왔기에 멘토에게 이런 시절이 있을 거라는 생각을 못 했다.

"힘든 시기가 길어지고 고통이 커질수록 성공이 가까워 오고 있는 거야. 무조건 버티고 살아남아야 해. 그럼 성공하는 거야."

멘토가 힘들게 사업을 시작하며 경험한 내용들이기에 마음속 깊이 새기며 듣게 된다.

건물 투자

0. 멘토의 건물 투자 강의

천억 건물주 멘토를 알아가던 시기에 멘토와 식사하던 자리였다. 서로 안부를 물으며 근황에 대해 얘기를 하던 중에 멘토가 이야기했다.

"우리나라에서 아무리 열심히 회사를 다니면서 일을 해도 근로소득은 부동산 가치가 상승하는 속도를 따라갈 수 없어."

멘토가 부동산 자산이 많은 것은 잘 알고 있었지만 아직 마음을 터놓을 만큼 가까운 사이가 아니었고, 업무에 대한 대화도 해야 했기 때문에 그 당시에는 가볍게 주제를 이어 나가는 선에서 끝났다.

멘토와 자주 만나서 인생에 대해 배우고 있던 어느 날이었다.

"형석아, 주변에서 건물 투자에 대해 알려 달라고 하는 사람들이 많아서 강의를 할까 하는데 너도 들을 생각 있니? 친한 사람들만 대상으로 소수로 진행할 생각이야."

서울 주요 지역에 건물을 여러 채 소유하고 있는 성공한 건물 투자자인 멘토가 강의를 하면 무슨 일이 있어도 들어야 했다.

멘토가 건물 투자 강의를 한다고 이야기하고 한 달 정도의 시간이 지난 평일 저녁, 멘토가 소유한 건물 회의실에서 첫 강의가 시작되었다.

"안녕하세요. 저는 현재 강남 지역 위주로 건물을 여러 채 소유하고 있습니다. 지금부터 여러분들께 건물을 투자하는 방법에 대해 강의를 시작하겠습니다. 여기에서 수업을 들으시는 분들은 저와 친분이 있는 분들이므로 꼭 필요한 내용들만 간추려서 핵심 위주로 설명해 드리겠습니다. 이 수업이 끝나고 여기에 계신 모든 분들이 건물을 매입하셔서 건물주 대열에 합류하시길 진심으로 기원합니다."

주변을 둘러보니 나이도 직업도 다양한 사람들이 수업을 듣고 있었다.

1. 대한민국은 부동산이다

"여기에는 직장을 다니면서 매달 안정적인 월급을 받는 분도 있고 직접 사업체를 운영하면서 수익을 창출하는 분도 계십니다. 여러분이 회사를 다니고 사업을 하면서 명심해야 할 것이 하나 있습니다. 월급과 사업 수익 어떤 것도 부동산 수익을 이길 수 없습니다."

직장인이야 월급이 많지 않으니 멘토의 말이 수긍 갔지만 사업을 하면 돈을 많이 버는 걸로 아는데 부동산 수익이 그보다 많다니 신기하기만 했다.

"직장인은 매달 안정적으로 급여를 정해진 만큼 받습니다. 사업가는 큰돈을 벌기도 하지만 경기 변화와 업계 상황에 따라서 매출 변동이 커질 수 있습니다. 또한 세무 조사 등 예측 못 한 위험에 놓일 수도 있습니다. 예전부터 사업으로 큰돈을 버는 사람은 사업으로 발생하는 수익을 사옥이나 공장 부지를 매입하는 데 사용하여 부동산 가치 상승으로 부를 이루었습니다.

여러분들이 명심해야 할 것은 대한민국에서 부자가 되려면 부동산 투자를 해야 한다는 사실입니다. 이 명제를 꼭 기억해야 합니다. 여러분은 부동산을 투자할 때까지 초기 자본금을 모아야 합니다. 외로운 자기와의

싸움이 시작된 것입니다. 부동산은 주식처럼 가격 변동이 단기간에 일어나지 않기 때문에 조급함이 들 수도 있지만 기다려야 합니다. 빠르게 가는 자가 승리하는 게 아니라, 바르게 가는 자가 승리하는 겁니다."

부동산 투자를 해야 한다는 사실은 대한민국 모든 국민이 아는 사실이다. 다만 투자금이 한두 푼이 아니기 때문에 못하는 것뿐이다. 몇십억 몇백억이 없으니 몇백만 원만 있어도 시작할 수 있는 주식을 알아보게 되는 것이다. 부동산 투자를 나도 시작할 수 있을까? 의심이 들기도 했지만 내 눈앞에 서서 설명을 해 주는 멘토는 이미 천억이 넘는 건물을 보유한 자산가이니 믿고 따라야겠다.

"대한민국에서 부동산 자산 증식 속도가 빠른 이유가 무엇일까요? 경제활동을 하고 돈을 벌고 있는 모든 국민이 부동산을 믿기 때문입니다. 대한민국에서 최고의 재테크 수단이 부동산이라는 사실을 모든 사람들이 알기 때문에 부동산에 투자한 사람이 승리하는 것입니다."

맞는 말이다. 나도 대학생 때 도서관에서 부동산 책을 열심히 읽었다. 직장인이 된 지금은 주변에 부동산 투자를 하는 사람과 부동산 투자를 하고 싶은 사람으로 나뉠 정도로 관심이 많다. 주식 투자를 열심히 하는 사람도 얘기해 보면 소액으로 열심히 주식 투자해서 수익을 많이 내면 부동산으로 갈아타고 싶다고 한다. 결국 기승전부동산이다.

2.　　　　　　　　　　　다양한 부동산 투자 대상 중
　　　　　　　　　　　　　　　　　건물에 관심을 가지자

"모두 부동산 투자를 원하지만 부동산에도 다양한 분야가 있습니다. 내가 쉽게 접근할 수 있는 분야를 투자하려고 하면 절대 안 됩니다. 내가 힘들게 모은 돈을 더 어렵게 투자해야 돈을 벌 수 있습니다."

부동산 중에 쉽게 접근할 수 있는 분야가 무엇일까 생각해 보니 가방 한 켠에 넣어두었던 오피스텔 분양 홍보지가 보였다.

"부동산에는 제가 좋아하고 여러분에게 소개해 드릴 건물 외에도 아파트, 다세대주택, 오피스텔, 상가, 지식산업센터 등 많이 있습니다. 이들 중에는 투자 금액이 크지 않아서 은행 대출을 이용하면 쉽게 매수할 수 있는 투자 수단도 있습니다. 매달 얼마의 월세 수익이 몇 년간 안정적으로 나온다고 홍보하는 부동산도 있습니다.

그런데 한 가지 생각해 봐야 할 건 만약 수요가 충분해서 매달 안정적으로 월세를 받을 수 있는 부동산이 있고, 나중에 시세 차익도 기대할 수 있는 최고의 투자 수단을 왜 일반인에게 매각하려고 할까요? 정말 좋은 물건이면 혼자 독차지하려고 하지 않을까요?"

맞는 말이다. 지하철역에 나오면서 받게 되는 분양 홍보물을 슬쩍 보면 매달 고정수익을 보장해 준다거나 주변 배후지가 훌륭하다고 광고한다. 이렇게 좋은 투자 대상이면 광고를 안 해도 수요자를 찾기 쉬울 텐데 왜 이렇게 열심히 광고를 하는 걸까 생각이 들었던 적이 있었다.

"여러분이 선택할 수 있는 부동산 투자 대상이 많지만 그중에서 여러분에게 돈을 벌어다 줄 투자 대상은 하나입니다. 바로 건물입니다."

가장 비싸서 엄두도 못 내고 있는 건물이 가장 큰 수익을 얻을 수 있다니. 한 번도 관심을 안 가져 봤기 때문에 잘 알지 못했지만 궁금하기도 했다. 가끔씩 연예인이 건물 매입했다는 기사는 봤던 것 같은데 나도 연예인처럼 건물주가 될 수 있는 것인가?

"지금부터 여러분에게 부동산 중에서도 건물 투자에 대해 설명해 줄 겁니다. 다른 부동산 투자 대안은 지금부터 관심을 갖지 마세요. 아 그리고 혹시 여기에 아직 아파트를 소유하고 있지 않은 분이 있나요?"

안타깝게도 나는 아직 집도 없었다. 손을 들어야 하나 고민하고 있는데 멘토가 강의를 이어나갔다.

"아파트가 없더라도 이 수업을 남의 얘기라고 생각하지 마세요. 경우에 따라서는 아파트 매매 대신 건물 투자를 먼저 할 수도 있습니다. 그러니 집중해서 들으시면 됩니다."

3.

모두가 좋아하는 지역인
강남 건물에 투자하자

건물주가 되는 것은 너무 설레는 일인데 나는 지금 집도 없고 돈도 없다. 그래도 건물을 사야 한다면 대출을 최대한 받아서 지방에 있는 꼬마빌딩을 사야 하는 걸까? 수도권 밖에서 열심히 찾아다니다 보면 대출을 최대로 받아서 건물을 살 수 있을 것 같다.

"그럼 어떤 건물을 사야 할지에 대해 구체적으로 설명해 드리겠습니다. 먼저 어디에 위치한 건물을 사야 할까요? 내가 지금 돈이 없으니까 자금 사정에 맞게 서울 말고 지방에 있는 건물을 사야 할까요? 명심하세요. 사람들이 좋아하는 것을 사야 돈을 법니다. 건물을 투자할 때에도 사람들이 좋아하는 위치에 있는 건물이어야 합니다. 사람들이 어디를 제일 좋아하죠? 바로 서울입니다. 서울 중에서도 강남을 제일 좋아합니다. 그럼 강남에 있는 건물을 사야 합니다."

강남 건물이라니. 강남 건물주는 대한민국 국민이면 모두 좋아하는 타이틀이다. 심지어 중·고등학생들도 좋아할 것 같다. 강남 건물주가 되려면 몇백 억이 있어야 할 것 같은데 너무 현실과 벗어난 이야기가 아닌가 생각이 들었다.

"사람들이 제일 좋아하는 강남. 절대 기준을 나로 맞추면 안 됩니다. 나 말고 다른 사람들이 많이 찾고 좋아하는 곳에 있는 건물을 매입해야 성공하는 투자입니다.

한 가지 예를 들어 볼게요. 부산에 있는 자산가가 백억으로 건물을 사려고 합니다. 어디에 있는 건물을 사는 게 좋을까요? 미국에 있는 큰 회사에서 천억으로 사옥을 사려고 합니다. 어디에 있는 건물을 사는 게 좋을까요? 누구나 좋아하고 원하는 강남에 있는 건물의 수요층은 대한민국 전체입니다. 강남 건물은 서울 지역을 잘 모르고 상권 분석을 못 해도 전국에 있는 자산가들이 투자하는 곳입니다. 그게 바로 강남에 있는 건물을 사야 하는 이유입니다."

강남 건물은 사기만 하면 시세가 계속 오를 것 같다. 그동안 지속적으로 그래 왔고, 앞으로도 그럴 것 같다. 그리고 다른 사람들도 다 그렇게 생각한다. 그래서 강남 건물을 투자해야 하는 것이었다.

4. 매달 임대 수익을 받을 수 있는 건물이어야 한다

"강남에 있는 건물을 사야 하는 것까지 배웠습니다. 여기서 한 가지 더 추가해야 할 개념이 있습니다. 바로 임대 수익입니다. 우리가 건물에 투자해서 얻는 수익에는 건물을 보유하다가 나중에 매각할 때 얻는 매각 차익이 있고 건물을 보유하면서 매달 얻게 되는 임대 수익이 있습니다. 매달 수익이 발생하는 건물을 보유하게 되면 은행에서 대출을 받아서 내야 하는 이자와 세금을 빼고 남은 돈은 온전히 내 것이 됩니다."

매달 임대 수익을 꾸준히 받을 수 있는 강남 건물. 내가 꼭 이루고 싶고 갖고 싶은 목표가 생겼다.

"건물 투자의 가장 큰 장점은 매달 임대료라는 현금 흐름을 통해 여러분이 일을 하지 않아도 된다는 점입니다. 임대료는 건물이라는 공간을 제공해 주고 가치에 부합하는 사용료를 매달 받는 개념입니다. 공간이 필요한 사람들은 임대료를 지불하고 임차인이 되는 겁니다. 1층에서 상업적인 활동으로 수익을 많이 올리는 임차인은 그만큼 높은 임대료를 지불하게 됩니다. 2층부터는 상권에 맞게 상업 공간이나 사무 공간으로 활용하면서 공간의 위치에 해당하는 대가를 지불합니다. 지하철에서 가깝고 새로 지은 건물을 사무실로 쓰게 되면 더 높은 임대료를 내는 구조입니다."

건물주는 매달 임대료를 받으니까 일을 안 해도 돼서 좋겠다고 막연하게 생각했었는데 멘토의 설명을 들으면서 처음으로 임대료가 어떤 의미인지 생각했다. 공간을 사용하는 대가로 지불하는 비용. 좋은 공간일수록 대가가 높아지고, 공간을 이용하는 업종에 따라서도 지불하는 비용이 차이가 난다는 게 신기했다.

"매달 받게 되는 임대료에 주목해야 합니다. 임대료를 공부하고 잘 알아야 황금알을 낳는 건물을 구입할 수 있습니다. 여러분은 매달 건물에서 만족할 만한 수익을 올릴 수 있어야 합니다. 그래야 성공한 건물 투자자가 되는 겁니다."

5. 현재 임대 수익을 보지 말고 시세를 고려한 적정 임대 수준을 분석하자

"여러분이 건물을 알아보려고 중개법인 사무실에서 담당자를 만나고 있습니다. 담당자는 여러분에게 투자할 만한 건물들을 소개해 줄 것입니다. 각 건물의 위치와 매매가, 임대 수익, 임차인 정보 등을 설명 듣게 됩니다. 이 중에서 여러분은 매매 가격에 가장 신경을 쓰게 됩니다. 하지만 가격만큼 신경 써야 할 부분이 바로 임대 수익입니다.

그럼 임대 수익의 어느 부분을 신경 써야 할까요? 현재 받고 있는 임대 수익을 다시 파악해야 합니다. 지금 한 달에 월 임대료를 1000만 원 받고 있는 건물이 알고 보니 계약한 지 몇 년이 지난 상황이고, 현재 임대 시세를 고려할 때 월 1500만 원을 받을 있다면 여러분은 50% 낮게 평가받고 있는 건물을 보고 있는 겁니다.

지금 알고 있는 내용으로만 건물을 보려고 하지 마세요. 내가 하나씩 확인해야 합니다. 이 숫자와 내용이 맞는지 직접 알아봐야 합니다. 여러분이 가진 전 재산을 투자하고, 부족하면 은행에서 많은 돈을 대출 받아서 이자를 내며 위험을 무릅 쓰고 투자하는 겁니다. 모든 책임은 내가 져야 하니 내가 최선을 다해 알아봐야 합니다. 적정 임대료 수준을 고려할 때 내 건물이 실제로 한 달에 얼마를 벌어들이는 건물인지 알 수 있으면 건물의 숨은 가치를 찾아내는 것입니다."

건물을 매매하기 위해 중개법인에서 제공하는 자료에 나와 있는 정보들을 직접 확인해 봐야 한다는 멘토의 말을 들으면서 천억이 넘는 자산을 이루기까지 얼마나 열심히 알아보고 확인했을지 생각했다. 서울 강남과 주요 요지에 건물을 여러 채 구입하기까지 많은 건물들을 검토해서 가장 좋은 건물을 매입했을 것이다. 천억이 넘는 건물을 소유하는 지금도 하루에 몇 개씩 건물들을 검토하고 투자 가치 있는 건물을 찾으면서도 멘토는 1년에 한 채의 건물을 사기가 어렵다고 하는 걸 보면 건물 투자의 길은 쉽지 않은 것 같다.

6.

현재 적정 임대 수준을
파악하는 방법

"그럼 지금 이 건물이 한 달에 얼마를 받는 게 적정한지 어떻게 알아볼까요?

첫 번째는 '네이버부동산'을 이용하는 것입니다. 네이버부동산에서 건물 주변에 월세 매물로 나온 상가들을 분석하는 겁니다. 매물의 면적, 월임대료, 층을 확인한 후 검토하는 건물의 층별 면적당 임대료와 비교하는 겁니다. 건물의 노후도를 간단하게 메모하면 정확도를 높일 수 있습니다. 오래된 건물은 임대료가 저렴한 편이니까요. 그렇게 주변에 나온 상가 매물들의 층별 임대료 시세가 얼마이고, 본 건의 현재 임대료 수준이 얼마이니 본 건물은 최대 얼마까지 임대 수익을 기대할 수 있겠다고 예측할 수 있습니다."

임대료 수준을 직접 현장에 가지 않고 인터넷으로 확인할 수 있다니 다행이었다. 멘토의 설명을 들어보니 네이버부동산을 분석해서 임대 수준을 파악하는 데 시간이 오래 걸리지 않을 것 같았다. 이렇게 강의에서 배운 대로만 건물을 구입하면 절대 실패하지 않을 것 같았다.

"두 번째는 부동산에 직접 찾아가서 알아보는 방법입니다. 네이버부동산으로 적정 임대 수준까지 확인을 해 보니 이 부동산이 투자 가치가 있는 건물이고 매입하고 싶은 생각이 든다면 주변 부동산에 직접 방문해서 확인하는 겁니다. 네이버부동산에 임대 매물을 올린 중개사들 중에 건물과 가까운 곳에서 사무실을 운영하는 중개사가 있으면 그분들을 찾아갑니다. 그분들에게 주변에 있는 건물을 사려고 한다고 솔직히 말씀드리고 나중에 임대를 부탁드리면 얼마까지 받아주실 수 있는지 여쭤보면서 상가나 사무실을 찾는 임차인 수요는 많은지, 개발이나 호재 같은 게 있는지 조언을 구합니다. 그렇게 몇 군데를 돌아보면 나와 잘 맞거나 일을 잘한다는 느낌이 오는 중개사를 만나게 됩니다."

인터넷으로 확인할 수 있는 정보는 한계가 있으니 현장을 잘 아는 지역 중개사를 직접 찾아가서 세부적인 내용들을 다시 확인해야 한다. 모든 내용을 공개된 정보로만 확인하다 보면 핵심적이고 중요한 내용을 놓칠 수 있다. 해당 지역을 가장 잘 아는 사람은 수십 년간 해당 지역에서 부동산 업무를 해 온 중개사이다. 상가나 사무실 수요가 많은 지역인지, 의외로 큰 면적 주택을 찾는 사람이 많은지, 주차를 신경 쓰는 임차인이 많은지 등 중요하지만 인터넷으로 확인하기 어려운 내용들을 알아봐야 한다.

7.

건물을 투자할 때 알아야 할
'용도지역과 용적률'

"건물의 임대 수익을 분석했으면 시세는 어떻게 파악해야 할까요? 멋진 고층 건물의 외관이 마음에 들어서 투자를 구매하는 것은 강남 아파트를 구입하는데 실내 인테리어가 마음에 들어서 구입하는 것과 똑같은 것입니다. 강남 아파트를 구입하는 데 중요한 것은 가격입니다. 그리고 그 가격은 가장 최근에 거래된 아파트 시세와 비교해서 결정하죠? 30평 아파트 가격과 40평 아파트 가격은 다릅니다. 건물도 똑같습니다. 30평대 아파트끼리 가격을 비교하고 40평대 아파트끼리 비교하듯이 건물도 비교하는 기준을 알아야 합니다. 토지라고 해서 모두 같은 토지가 아닙니다. 어떤 토지는 20평대의 가치, 어떤 토지는 50평대의 가치가 있습니다. 그 차이는 '용적률'입니다. '용적률'이라는 것은 이 토지에 얼마나 높게 건물을 올릴 수 있느냐를 알려 줍니다. 다른 토지는 4층 건물만 지을 수 있는데 10층 건물을 올릴 수 있는 토지가 있다면 훨씬 임대 수익을 많이 받을 수 있죠? 그럼 가격도 더 높게 형성이 될 겁니다. 바로 이 원리를 이용해서 용적률에 따라 건물을 높게 올릴 수 있는 토지일수록 가치가 높습니다.

이 '용적률'은 '용도지역'에 따라 결정됩니다. 토지마다 주소가 있는 것처럼 모든 토지에는 주거지역, 상업지역과 같은 용도지역이 정해져 있고, 해당 토지가 어떤 용도지역인지 확인하면 몇 층까지 건물을 올릴 수 있는지 확인할 수 있습니다.

용도지역은 '토지이음' 사이트에서 간단하게 확인할 수 있습니다. 예를 들어 내가 검토중인 건물의 주소를 검색해 보니 용도지역이 제2종일반주거지역에 해당하면 용적률은 서울 기준으로 '200%'입니다. 또 시세 수준을 검토할 때에는 동일한 용도지역인 제2종일반주거지역의 거래 사례들과 비교를 해야 하는 겁니다."

8.

건물 시세를 분석하는 데 도움이 되는 인터넷 사이트

"검토 중인 건물의 시세수준을 알아보기 위해서 동일한 용도지역 건물들이 얼마에 거래되었는지 알아보려면 어떻게 해야 할까요? 요즘에는 건물이 거래된 자료와 매물 정보를 한눈에 확인할 수 있는 사이트들이 많이 있습니다. 대표적으로 '디스코, 밸류맵'이 있습니다. 그 외에도 많이 있으니 본인이 가장 쓰기 편한 사이트를 찾아서 이용하면 됩니다."

요즘 언론에서 '프롭테크'라는 용어를 많이 봤던 것 같은데 건물이 거래된 자료도 인터넷으로 확인할 수 있다니 신기했다.

"해당 사이트에서 본인이 알아보고 있는 건물 주변으로 최근에 거래된 건물들을 확인해 봅니다. 용도지역이 다른 건물은 제외하고 동일한 용도지역 사례들의 거래가격을 토지 면적으로 나누어 단위 면적당 얼마에 거래되었는지 확인합니다. 분석을 할 때에는 그냥 눈으로 보지 말고 한눈에 비교할 수 있게 '주소, 토지 면적, 용도지역, 거래 가격, 건물 면적, 건물 사용승인일(신축 연도), 토지 면적당 거래 단가(거래 가격/토지 면적), 거래 일자' 등을 정리합니다.

본 건 주변에 최근 거래된 건물들을 정리하면서 시세수준을 파악해 이를 참고로 본 건의 적정한 매매 가격을 유추할 수 있습니다. 예를 들면 최근에 본 건 주변으로 토지 면적 제곱미터당 3천만 원 수준으로 거래되고 있는데 본 건이 제곱미터당 4천만 원에 매물로 나와서 검토 중에 있다면 제곱미터당 1천만 원의 갭이 왜 생겼는지 이유를 찾아봅니다. 건물을 최근에 리모델링 공사했는지, 본 건은 사거리에 위치해서 접근성이 좋아 다른 건물들보다 입지가 우수한지, 사례들이 거래된 시점 이후로 개발 호재가 발표되었는지 등을 고민합니다. 최근 거래된 건물들과 다른 이유가 없이 제곱미터당 1천만 원이 높게 매물로 나왔다면 이 건물을 주변 시세보다 높게 매입할 가치가 있는지 검토하여 매입 여부를 결정하면 됩니다."

9.

건물 시세를 분석할 때
거래된 사례가 신축일 경우

"부동산 사이트에서 최근 거래된 사례들을 분석하다 보면 토지 면적당 단가가 높은 경우가 있는데 대개 최근 신축한 건물인 경우가 많습니다. 거래 가격을 토지 면적으로 나누었기 때문에 건물에 대해 별도로 고려하지 않았는데 건물이 최근 신축되었을 경우 건물 공사비를 반영해서 거래하다 보니 단가가 높아 보이는 것입니다.

본 건 건물 주변으로 거래된 사례들을 검토하다가 이렇게 건물 신축 비용을 포함해서 높게 거래된 사례는 분석 대상에서 제외하면 됩니다. 건물이 오래되었는데도 높게 거래되었다면 네이버지도나 다음지도에서 '거리뷰, 로드뷰' 기능을 통해 건물의 외관을 확인해 봅니다. 건물은 1970~1980년도에 신축한 것으로 나오는데 외관이 최근에 신축한 것처럼 새 건물과 다름 없다면 이 역시도 건물 리모델링 가격이 포함되어 거래된 사례에 해당합니다. 역시 제외합니다. 서울에서는 건물 거래가 꾸준히 있기 때문에 본 건물과 유사한 조건의 사례들을 어렵지 않게 찾아서 시세 수준을 파악할 수 있습니다.

그럼 신축한 지 얼마 안 된 건물이 거래된 경우 이를 분석하는 방법은 없는 것일까요?

물론 가능합니다. 다만 이는 시간이 오래 걸립니다. 건물을 신축하는 데 비용이 얼마나 들고, 신축하고 나서 시간이 지난 경우 이를 어떻게 반영할지 등 이론적인 내용들을 학습해야 하는데 이 내용들을 모르더라도 주변 시세수준을 파악하는 데에는 문제가 없습니다. 이 내용은 건물을 투자하는 데 핵심적인 내용은 아니므로 이런 게 있구나 하고 가볍게 넘어가면 됩니다."

멘토의 강의를 들을수록 건물 투자에서 가장 중요한 내용이 무엇인지 알게 되었고, 결국 핵심은 전문적인 지식보다는 많은 노력과 고민이 필요할 것 같다.

10. 건물 시세를 분석할 때 거래 시점을 확인하자

"검토하는 건물 주변으로 최근 거래된 사례들을 분석하면서 시간 흐름을 체크해야 합니다. 2020년부터 2022년 상반기까지는 건물 거래가 활발하게 이루어졌습니다. 2020년부터 건물 거래가 많아지고 지가가 오르면서 2021년에 흐름을 이어 지속적으로 상승하다 2022년 상반기를 기점으로 여름부터 거래가 멈추고 지가 상승도 주춤하게 됩니다. 2022년 여름에 금리가 오르기 시작하면서 대출 레버리지를 이용해서 공격적으로 건물에 투자하기 어려워졌기 때문입니다. 2022년 하반기에도 꾸준히 거래가 있는 지역이라면 건물을 단순히 투자 목적으로 매수하기보다 실수요로 매입하는 수요가 있는 지역이거나 현금을 보유한 자산가들의 선호도가 높은 지역입니다. 강남이 해당합니다.

건물 거래가 활발하던 2022년 상반기 이전에 거래된 사례들만 있다면 호황기 시세 수준으로 매입할지에 대해 판단해야 합니다. 저금리와 유동성 증가로 건물 매입이 비교적 쉬웠던 시기에 거래된 시세 수준으로 지금 매입할지 판단해야 합니다.

2020년부터 몇 년간 비슷한 수준으로 거래되는 지역이라면 문제가 없습니다. 2022년 상반기가 마지막 거래인데 그때보다 높은 수준으로 매물이 나왔다면 고민을 해야 하는 겁니다. 합당한 이유가 있다면 예외이지만 별다른 이유를 못 찾겠다면 신중하게 판단을 해야 합니다."

2022년 여름부터 금리가 오르기 시작했는데 건물 매매 시장에도 영향을 미쳐서 수요가 탄탄한 지역을 제외하고는 대부분 거래가 급감했다고 했다. 이러한 시장 흐름을 고려해서 거래 시점에 따른 사례들의 가격 수준을 검토해야 하는 것이었다.

11. 신축 건물을 매입하는 것은 어떨까?

"건물을 매입해서 직접 사무실로 사용할 계획이어서 신축 건물을 찾는 경우가 있습니다. 건물이 준공되자마자 구입할 경우 건물의 멋진 외관이나 또는 조감도가 마음에 들어서 구입을 결정하게 됩니다. 내가 원하는 건물을 사는 게 맞습니다. 다만, 누구나 좋은 물건을 저렴하게 또는 적정한 시세로 사길 원합니다. 높은 가격에 사도 상관없는 경우는 없겠죠. 신축 건물은 가격이 높게 책정이 됩니다. 당연히 건물을 신축하는 데 공사비가 많이 들기 때문에 어느 정도 가격이 높은 것은 받아들이겠다고 생각합니다. 그러나 실제로 건물을 신축하면서 매매를 하려고 나온 매물들을 검토해 보면 지나치게 가격이 높습니다. 예를 들어보면, 건물을 신축하는 데 드는 적정 비용이 10억이고 토지가 20억이면 30억 전후 범위로 매물이 나와야 하는데 대부분은 50억 수준으로 매물이 나옵니다. 건물 짓는 데 신경 쓸 게 너무 많으니까 감수해야 하는 게 아니냐고 말할 수도 있습니다. 매입하면서 20억을 손해 보고 시작하는 투자는 나중에 아무리 지가가 상승해도 투자로 성공하기 어렵습니다.

무조건 신축 건물을 매입하고 싶은 경우에는 신축 건물 중에 적정한 수준에서 매매가가 결정된 매물을 찾거나, 내가 믿을 만한 건설사와 계약해서 직접 신축을 하거나, 리모델링을 하는 방법도 있습니다. 믿을 만한 건설사는 공사 비용이 높지만 매출이 높고 신뢰가 가는 건설사와 계약하면 건물을 신축하는 도중에 발생하게 되는 각종 문제를 피할 수 있습니다. 비싼 공사비를 받는 대신 책임지고 건물을 신축하기 때문입니다.

신축 건물을 매입하면 건물을 매도하는 매도자는 본인이 건물을 신축하는 데 드는 각종 비용에 노력, 개발에 따른 개발이익 등을 생각하여 높은 수준에 매각을 희망하는 겁니다. 이런 건물을 매입하면 매도자만 높은 수익을 올리는 경우가 될 수 있으니 신중해야 합니다."

지나가다 보면 건물을 신축하는 경우를 종종 봐 왔는데 신축 건물을 매입할 때에는 건물 투자 고수가 되어야 가능할 것 같다는 생각이 들었다.

12.

건물 매매는
매도자와 매수자의 심리싸움

"건물을 매입할 때 중요한 것은 건물을 시세보다 저가에 매입하는 겁니다. 그럼 매입하면서 투자 수익이 발생하는 것이죠. 이기는 투자를 하는 겁니다. 그러나 매도자 입장에서는 어떨까요? 매도자는 비싸게 팔수록 수익이 높아집니다. 당연히 팔릴 수 있는 수준에서 최대한 높은 가격을 받고 싶어 합니다. 매도자들이 건물 시세를 잘 알고 있을까요? 당연합니다. 본 건 주변에 최근 거래된 사례들을 알고 있는 경우가 대부분입니다. 몇십 억 이상 하는 건물이므로 시세에 관심이 많습니다. 비싸게 팔고 싶어하는 매도자와 싸게 사고 싶어 하는 매수자의 신경전. 이게 바로 건물 매매가 어려운 이유입니다. 누군가가 이기면 누군가는 지는 승자와 패자가 분명히 존재하는 시장입니다. 다만 'win-win'으로 매매과정을 만들 수 있는데 방법은 향후 가치가 상승할 것 같은 지역의 건물을 현재 시세대로 매입하는 겁니다. 물론 미래 가치를 예상한다는 것은 너무 어려운 과정입니다. 매수자가 매매 과정에서 이기려고만 하면 매도자는 기분이 상해 협상이 결렬되는 경우가 대부분입니다. 매도자는 자산 규모로 볼 때 이미 사회에서 성공한 사람이기 때문에 자존감이 높고 승부에서도 지는 것을 싫어하니 매매 과정에서 손해 보는 것을 극도로 싫어할 확률이 높습니다.

매도자와 매수자가 모두 이기고 싶어하는 시장에서 성공적인 협상은 '앞에서 지고 뒤에서 이기는' 것입니다. 매매 금액을 낮추려고 협상하다가 매매가 중단되는 것보다는 가격에서는 매도자가 이기는 협상을 하고 잔금 일자나 임차인 명도, 세금 납부 등 매수자가 부담스러운 부분을 매도자에게 양해를 구하면서 유리하게 계약을 한다면 매수자도 이기는 계약으로 이끌 수 있습니다."

멘토의 강의를 들으면서 내가 매수자면 싸게 사고 싶고, 내가 매도자면 비싸게 팔고 싶은 마음일 텐데 매매라는 협상에서 양 당사자가 모두 승리하는 결과를 만들어야겠다는 생각이 들었다.

13

어디에 위치한 건물을 매입해야 가치가 많이 오를까?

"건물을 매입할 때 가장 고민되는 것은 어디에 있는 건물을 매입하는 겁니다. 누구나 좋아하는 강남 지역 건물을 매입하고 싶지만 많이 비쌀 것 같고, 강남 외 지역은 적은 금액으로도 번듯한 건물을 매입할 수 있을 것 같습니다. 요즘 뜨는 지역은 그만큼 시세가 많이 올라서 잘못하면 고점에 매입해서 손해를 보는 건 아닐지 걱정이 되기도 합니다.

그럼 어디에 위치한 건물을 매입하는 게 좋을까요? 자금 여력이 충분하다면 강남에 위치한 건물을 매입하는 게 좋습니다. 상승장에서 지가가 높게 상승하고 하락장에서도 잘 버티며, 대한민국 국민 전체가 매수 대기자로 봐도 될 정도로 선호도가 높습니다. 다만 비싸다는 게 문제입니다. 내가 가진 투자금이 많지 않고 매달 현금 흐름이 충분하지 않은 상황이라면 무리하게 투자하는 것은 위험합니다.

강남 다음으로 괜찮은 지역을 찾는다면 어디가 있을까요? 서초, 송파 지역도 강남만큼 선호도가 높은 지역이므로 고민해 봐도 좋습니다. 또 괜찮은 지역은 홍대가 있는 마포 지역입니다. 홍대 상권은 젊은 층 유동 인구가 안정적으로 형성되어 있고 건물 투자 규모도 상대적으로 크지 않기 때문에 분석해 볼 만한 지역입니다.

　어디에 투자할지를 다양하게 고민하기보다는 일반인들 누구나 선호하는 지역을 몇 군데 정하고 그 지역을 집중적으로 알아보는 게 좋습니다. 그래야 어떤 건물이 저가로 나왔는지, 도로 폭은 좁지만 유동 인구가 많은 곳에 위치하고 있는지, 얼핏 보면 좋아 보이는 위치지만 실제로는 흘러가는 상권이어서 임차인이 자주 바뀌는지 등을 알 수 있습니다."

　건물 투자는 발로 하는 게 맞다. 내가 생각하고 원하는 지역을 자주 다니면서 사람들의 발길이 어디로 향하는지 관찰하다 보면 서서히 건물들 중에서 옥석을 가릴 수 있게 되는 것이다. 멘토가 언급한 강남, 서초, 송파, 홍대 쪽을 자주 다니면서 사람들이 어디에 많이 가는지 눈여겨봐야겠다.

14.

요즘 뜨는 핫플레이스 지역을 구입해도 괜찮을까?

"그럼 한 가지 질문을 해 보도록 하겠습니다. 요즘 인기가 많은 핫플레이스 지역에 투자하는 건 어떨까요?"

갑자기 멘토가 설명 도중 질문을 해서 당황했지만 다행히 나를 지목해서 물어본 건 아니었다.

"송리단길, 망리단길같이 상권에 이름을 붙여 사람들이 많이 찾아오도록 노력하고 실제로 상점들마다 대기하는 줄이 길게 이어진 상권들이 있습니다. 특색 있는 상점들이 하나둘 SNS로 입소문을 타면 방문객들이 많아지고 새로운 콘셉트의 상점들이 생기면서 순식간에 유명세를 치르게 됩니다. 인기 있는 상권에 사람들이 줄 서 있는 모습을 보고 건물 시세 수준을 분석해 보면 이미 핫플레이스를 반영하여 높은 가격 수준으로 매물이 나와 있습니다. 누구보다 이러한 인기를 제일 잘 아는 게 기존 소유자들이기 때문입니다. 지금 인기가 많고 앞으로 계속 사람들이 많이 찾아오니까 높은 가격이라도 매입하는 게 맞을까요? 아니면 이미 고점일 수 있으니까 이런 핫플레이스 지역은 매입을 하지 않는 게 맞을까요?

우선 건물을 매입해서 직접 음식 사업을 할 계획이 있다면 매입을 고민하는 게 맞습니다. 그러나 건물을 매입한 후 임대 수익만을 생각한다면 상권에 대해 깊이 있게 고민을 해야 합니다. 단순히 SNS나 언론 내용만 보지 말고 실제로 해당 상권을 자주 방문하면서 상권 방문 연령층과 요일별 시간대별 유동 인구 등을 체크해야 합니다. 젊은 10대와 20대 층이 주류를 이루고 있고 상권의 규모가 크지 않으며, 특색 있는 상권이 아니라면 투자하기 전까지 많이 고민해야 합니다."

젊은 소비층은 기존에 자주 가던 상권에 흥미가 떨어지면 개성 있고 새로운 지역을 계속 찾는 경향이 있기 때문에 일시적으로 유행하는 상권인지를 깊이 있게 고민하고 건물을 투자해야 하는 것이다.

15.
강남 상권의 c급 입지 건물과
강북 상권의 a급 입지 건물 중
어떤 건물을 투자해야 할까?

"건물을 투자할 때 누구나 한정된 예산으로 가장 좋은 건물을 매수하고 싶어합니다. 그럼 가장 좋은 강남 지역에 좋지 않은 입지의 건물과 강북 지역에 좋은 입지의 건물 중 어떤 건물을 사는 게 좋을까요?"

멘토의 질문을 들으니까 한 번도 생각해 보지 않았던 내용이었지만 결과가 궁금했다. 지역과 입지 중에 어떤 게 중요한 걸까? 멘토는 설명을 이어갔다.

"일반적으로 강남 지역에 좋지 않은 입지의 건물을 사는 게 더 좋습니다. 지가 상승은 강남을 따라갈 수 없기 때문입니다. 강북 지역은 매매가 빈번하게 일어나지 않기 때문에 지하철역 인근의 대로변 건물을 매입하더라도 내가 매수한 이후로 한동안 대로변에 매매가 이어지지 않는 경우가 있습니다. 강남 건물은 후면 골목길에 위치한 건물이더라도 주변에 지속적으로 거래가 이루어지기 때문에 내가 오늘 매수한 단가를 하한가로 하여 꾸준한 지가 상승이 일어납니다. 공인중개사들은 내가 매수한 거래 단가를 얘기하면서 기존 소유자들에게 더 높은 수준으로 매각을 할 수 있다고 제시하고, 매매하는 과정에서 내 거래 단가를 참고하여 높은 수준으로 매매가 이루어지면서 주변 시세는 계속 상승하게 되는 겁니다.

부동산에서도 '거래량'이 중요한 포인트입니다. 거래가 꾸준한 강남에 위치한 건물을 사야 하는 이유입니다. 누구나 좋아하고 원하는 강남 지역으로 건물 투자자들이 몰리기 때문에 시세 수준이 떨어지지 않습니다. 매도자는 주변 지역에서 최근에 얼마에 거래되었고 가장 높게 된 시세 수준이 얼마인가를 파악하고 있어서 그 이상은 받아야 한다고 생각합니다. 후면에 위치한 골목에 흔히 보이는 건물들은 그렇게 가격이 결정되어 시장에 나오고 거래가 되는 겁니다."

16. 강남 지역 건물도 가격이 떨어질까?

지가 상승 등을 고려할 때 강남 건물을 사야 하는 것이다. 아파트도 강남이고 건물도 강남이 정답이다. 그럼 과연 강남 건물도 가격이 떨어지는 날이 올까 궁금해졌다. 마침 멘토가 설명을 해 주셨다.

"막상 자금이 준비되어 강남에 위치한 건물을 구입했는데 혹시 최고점에 매입해서 가격이 떨어지면 어떻게 하지 걱정도 될 것입니다. 우선 현시점을 기준으로 말씀드리면 강남 지역에서 건물을 소유하고 있는 건물주들은 보유 기간이 2년만 되었다면 이미 두 배 이상의 시세 차익을 거둔 상황입니다. 10년 이상 보유했다면 매입 금액 대비 세 배 이상 가격이 오른 상태입니다. 이런 분들은 건물을 급하게 매각할 이유가 없습니다.

5년 전에 30억에 강남 건물을 매입한 건물주를 예로 들어보겠습니다. 대출은 최대로 받아서 80%인 24억, 대출이자는 5%를 잡아 보겠습니다. 한 달에 대출이자로 1천만 원이 나가고 있습니다. 임대 수익은 보수적으로 3%를 예상해서 30억에 적용하면 7백5십만 원의 월 임대료를 받습니다. 적자입니다. 다만 이 스토리는 5년 전 매입 당시 상황입니다. 5년이 지난 현시점에서 건물 가치는 최소 60억이 예상됩니다. 건물 가치가 상승하면 대출 금리는 신용도 상승에 따라 낮아지게 됩니다. 임대 수익도 5년간 상승했을 겁니다. 지금은 건물주가 만족스러운 상태로 임차인 관리를 하고 있습니다. 중개법인에서 건물을 매각하라고 연락이 오지만 건물 가격이 많이 오르고 매달 임대 수익을 받고 있는 상황에서 급하게 건물을 팔 이유가 없습니다. 건물주가 생각하는 금액보다 훨씬 높은 90억으로 팔아주겠다고 중개법인이 제안하고 있고, 그럼 그것보다 10~20억 더 받아주면 생각해 보겠다고 이야기합니다. 아예 팔 생각이 없기 때문에 말도 안 되는 금액을 제안합니다. 이러한 강남 건물주들 입장을 생각해 볼 때 건물을 급하게 팔아야 할 이유가 있을까요? 건물을 급하게 파는 소유자가 없는데 강남 건물 가격이 내려갈까요?"

중개법인에서
건물을 중개하는 방법

"공인중개사는 각 지역에서 몇십 년간 운영한 경우가 많습니다. 그래서 해당 지역의 전문가라고 할 만큼 자세하게 알고 있습니다. 심지어 건물 소유자들의 개인적인 사정도 알고 있습니다. 동네 사람들과 친하게 지내면서 다양한 정보를 듣기 때문입니다.

반면 중개법인은 특정 지역만을 전문적으로 운영하지 않습니다. 중개법인은 중개사와 중개보조 직원들을 많이 고용하고, 직원들은 개인적인 영업을 하게 됩니다. 기본급과 계약에 따른 성과급제로 운영되고, 중개계약을 성사하면 받는 중개수수료가 높은 편이기 때문에 직원들은 열심히 업무를 하게 됩니다. (중개수수료 율은 0.9%로서 100억 건물을 중개할 경우 9천만 원이며 매도자와 매수자 양쪽을 단독으로 진행하면 1.8억임)

건물 매물을 확보하기 위해서는 건물주들에게 개별적으로 접근해서 건물을 매각하라고 설득하는 과정을 거쳐야 합니다. 그러나 건물을 만족하면서 보유 중인 건물주들은 건물을 매각할 이유가 없습니다. 건물주들이 매각을 생각하게 하기 위해 중개법인 직원들은 시세보다 월등하게 높은 금액을 제시합니다. 예를 들어 건물주가 건물을 30억에 샀고 최근 거래된 건물들을 볼 때 현재 시세는 90억인데 중개법인 직원이 찾아와서 120억에 팔아주겠다고 이야기합니다. 현 시세보다 30억이나 높은 금액이니 고민이 됩니다. 그럼 120억 이하로는 절대 안 팔 거고 매수자가 있는지 알아봐 달라고 하지만 내심 이 가격이면 만족스럽습니다. 시세 차익으로만 90억 수익이고, 현재 시세를 기준으로 30억이 이득인 매매이면 고민할 만합니다.

중개법인은 이렇게 건물 매물을 확보하게 됩니다. 주변 시세보다 30% 높게 매물로 나온 건물이 있다면 이러한 과정을 거친 겁니다. 매도자의 마음을 움직이기 위해 30% 높은 금액으로 시장에 나온 겁니다. 만약 그 건물을 누군가가 매입한다면 어떻게 될까요? 그 지역 건물 시세는 30%가 높아지게 됩니다. 소유자들은 최근 거래된 내용을 확인해서 그 금액 이하로는 절대 팔려고 하지 않기 때문입니다."

멘토의 설명을 듣다 보니 시세보다 몇십억이 올라간 금액으로 매물이 나오는 이유를 알 것 같았다. 몇억 벌기도 어려운데 몇십억 몇백억 이야기를 듣고 있으니 신기하기만 했다.

18. 중개법인과 중개사 사무소의 차이점

"중개법인에서 어떻게 건물 매물을 확보하는지 설명해 드렸습니다. 중개법인도 실상은 중개사 사무소와 크게 다르지 않죠? 중개사 사무소와 중개법인 모두 똑같이 중개 업무를 하고 있지만 이용하는 방법을 달리해야 합니다.

중개사 사무소는 해당 지역에 대해 자세히 알고 있다고 말씀드렸습니다. 중개법인은 많은 직원들을 두고 각 직원이 개인적으로 영업 활동을 벌이고 있고 법인 차원에서 마케팅을 주로 하고 있습니다. 그럼 건물을 매각하고 싶으면 어디를 이용해야 할까요? 중개법인에 의뢰해야 합니다. 그래야 적정한 시세수준이 아니라 건물주가 원하는 금액 이상으로 매각을 진행할 수 있습니다. 건물을 매수하고 싶으면 중개사 사무소를 찾아가야 하겠죠? 이건 절반만 맞습니다. 중개사들은 지역 시세 수준을 너무 잘 알기 때문에 건물 매물도 이러한 시세 수준을 고려합니다. 그리고 지역의 개발 호재, 매물로 나온 이유, 인근 건물들의 이슈 등에 대해 자세한 설명을 들을 수 있습니다. 그리고 향후 임차인을 구할 때에도 도움을 받을 수 있습니다. 다만 중개사 사무소는 아무래도 지역 기반으로 업무를 하다 보니 다소 한계가 있습니다. 반면 중개법인은 직원들이 성과급을 기대하면서 지역에 구애받지 않고 영업을 하기 때문에 열심히 업무를 합니다. 그러다 보니 특정 지역에 있는 건물을 매수하기 원한다면 중개법인과 중개사 사무소 모두 가야 합니다. 중개법인에는 매물들이 많기 때문에 원하는 건물을 찾기 수월합니다. 또한 건물주가 평소에 친하게 지내는 중개사 사무소에 슬쩍 매각 의사를 이야기할 수도 있기 때문에 중개사 사무소도 방문해야 합니다. 그렇게 내가 원하는 건물들 중에서 최적의 건물을 선택하면 되는 겁니다."

19.

투자하려는 건물의
'관리비와 공실'을 직접 확인하자

"여러분이 건물을 투자하려고 알아보고 있다면 본인이 평생 모은 자금을 모두 투자하고 모자란 돈은 은행에서 대출을 받을 겁니다. 일평생 가장 큰 투자를 진행하면서 잘 모른다거나 귀찮다고 확인해야 할 내용들을 멀리하면 안 됩니다. 내가 주요 내용들은 직접 확인해야 투자를 실패하지 않습니다.

중개법인에서 건물 매수를 상담 중이면 직원들은 매수자가 원하는 성향을 고려하여 몇 개의 건물을 추천해 줄 겁니다. 각 건물에 대해 주요 내용을 담은 자료를 건네받은 후 마음에 드는 건물들을 추려 직접 현장을 가서 건물을 둘러보는 과정을 거치게 됩니다.

여기서 여러분에게 제공하는 자료는 중개법인에서 직접 작성한 자료입니다. 이 자료에 대해 주요 내용들을 직접 확인해야 합니다. 중개법인 직원이 매물로 나온 건물에 대한 자료를 직접 작성하지 않았을 수 있고, 중요한 내용을 깜빡하고 기재하지 못하거나 실수할 수도 있습니다.

토지 면적, 용도지역, 건물 면적, 건물의 사용승인일, 리모델링 시점, 건물의 위반건축물 여부, 건물의 대지 면적, 건물의 층별 용도 등의 내용은 인터넷으로 쉽게 찾아서 확인해 볼 수 있습니다. 건물에 대해 설명을 듣고 돌아오면 내가 다시 한번 찾아보면서 주요 내용을 확인해 보는 습관을 들여야 합니다. 내 재산은 내가 지켜야 한다는 점을 명심해야 합니다.

건물에 대한 자료를 넘기다 보면 임대 수익에 대해 기재된 부분이 있는데, 눈여겨볼 부분은 '관리비와 공실'입니다. 건물을 보유하면 임차인들은 임대료와 관리비를 매달 소유자에게 지급합니다. 관리비는 실제로 공용 부분에 대해 실제 발생하는 비용이기 때문에 수익으로 잡기보다 실비로 생각하는 게 좋습니다. 임차인이 소유자에게 주는 돈이지만 소유자가 실제로 쓰게 되는 돈인 것입니다. 그러므로 건물 자료의 임대 수익 부분에 관리비가 포함되어 있다면 빼고 순수하게 임대료 부분만 생각해야 합니다.

그리고 건물이 일부 공실이 있는 경우에도 중개법인은 자료를 작성하면서 다른 층과 유사한 임대료 수준으로 임대가 되었을 때를 예상하여 임대 수익을 계산합니다. 즉 현재 공실이 20%인데도 공실이 없을 때를 기준하여 임대 수익을 계산합니다. 공실은 자연적으로 발생할 수 있고, 임차인을 구할 때까지 시간이 걸릴 수도 있습니다. 그러므로 공실이 없기보다 5~10% 정도의 공실율을 예상하여 임대 수익을 계산하는 게 현실적입니다."

중개법인 직원만 믿고 건물을 투자하면 될 줄 알았는데 멘토의 설명을 들으니 내 전 재산을 걸고 하는 투자이므로 꼼꼼하게 확인하는 게 필요할 것 같다.

20.

투자하려는 건물의
'대지 면적'을 직접 확인하자

"중요하지만 놓치기 쉬운 부분이 '대지 면적'입니다.

대지 면적은 토지 면적과 다른 개념입니다. '토지 면적'은 토지 대장으로 확인하면 됩니다. 인터넷으로 토지와 건물에 대한 정보를 확인할 수 있는 '토지이음'과 같은 사이트에서 쉽게 확인할 수 있습니다. '대지 면적'은 토지에 대한 전체 면적이 아닙니다. 건물이 사용하고 있는 토지의 면적으로 생각하면 됩니다. 만약 정부에서 나중에 도로를 확장할 계획이 있어 도로에 접한 토지 일부에 대해 사용을 제한하고 있다면 해당 부분은 대지 면적에서 빠지게 됩니다. 이런 부분이 있다면 '토지 면적=대지 면적+도로 후퇴 면적'이 되는 겁니다. 어려울 수 있지만 이는 건축물대장에 나와 있는 대지 면적과 토지 면적을 비교해 보고 수치가 다르다면 왜 다른지 확인하면 됩니다.

건물 배치도면을 보면 도로 후퇴 면적을 확인할 수 있고, 토지이용계획 확인원을 인터넷으로 열람하면 도시 계획 도로에 저촉되었는지 알 수 있습니다. 용어는 외우지 않아도 됩니다. 어떻게 확인하는 것인지 방법만 알고 체크하면 됩니다.

'대지 면적'과 '토지 면적'이 상이하면 어떤 문제가 생겨서 확인해야 하는 걸까요? 첫째는 건물을 신축하려고 할 때 사용에 제약을 받습니다. 현재 있는 건물도 토지에 제약이 있는 상태에서 이용 중이며, 향후에 건물을 철거하고 신축할 때에도 도시 계획 시설 도로 제한이 해제되지 않으면 지금과 같이 토지를 전부 활용하지 못하게 됩니다.

둘째는 대출을 받을 때입니다. 은행에서 대출을 실행할 때에는 감정평가를 받게 됩니다. 현재와 같이 토지 활용에 제약이 있게 되면 토지를 감정평가할 때 '토지 면적'이 아니라 '대지 면적'을 기준하여 평가합니다. 토지를 사용하는 데 제약이 있으므로 이를 감안하여 평가하기 때문입니다. 예상했던 감정평가금액이 안 나오게 되면 대출을 적게 받게 되어 자금 계획에 차질이 생길 수 있다는 것을 명심해야 합니다. 투자하려는 건물이 이런 상황이라면 지자체 관련 부서에 문의하여 해결될 수 있는지 확인합니다. 추후 문제를 해결하면 지가 상승에 기여할 수 있게 됩니다."

21.
투자하려는 건물이
'위반건축물'인지 직접 확인하자

"'토지 면적과 대지 면적'은 '토지이음' 사이트에서 5분이면 확인할 수 있는 내용입니다. 그러나 인터넷으로 확인할 수 없지만 꼭 확인해야 할 내용이 '위반건축물'입니다.

건물을 법에 정해진 용도대로 사용하지 않으면 정부는 건축물대장이라는 건물에 대한 서류에 '위반건축물'이라고 표시합니다. 그리고 어떤 내용을 위반하여 위반건축물에 해당하는지 설명도 기재합니다.

투자하고 싶은 건물이면 건축물대장등본을 발급 받습니다. '정부24' 홈페이지에서 인터넷으로 쉽게 발급이 가능합니다. 건축물대장이라는 글씨 옆에 빨간색으로 위반건축물이라고 기재되어 있다면 페이지를 넘겨 건물의 변동사유가 나와 있는 부분을 확인합니다. 건물에 $3.3㎡$도 안 되는 임시 공간을 창고로 쓰기 위해 판넬로 만들어도 지자체가 확인하여 위반건축물로 지정할 수 있습니다. 위반건축물에 해당한다면 쉽게 해결할 수 있는지 미리 체크해야 합니다.

만일 건물 일부를 건축물대장상 용도인 상업용이 아니라 주거용으로 임대 중에 있고, 이 내용을 주민의 신고로 지자체가 알게 되어 위반건축물로 지정되었다면 주거용으로 이용 중인 임차인을 내보내고 상업용으로 내부를 변경한 이후에 지자체에 위반건축물 해당 내용이 해결되었음을 알려야 합니다. 위반건축물로 지정되었음에도 문제를 해결하지 않으면 반복적으로 이행강제금이 부과됩니다. 건물을 소유하고 있는 소유자가 이행강제금이 부과된다는 것을 알면서 수익을 높이기 위해 용도를 바꾸기도 합니다.

그러나 건물을 매수하려고 한다면 이렇게 위반건축물이 지정된 건물은 가급적 피하는 것이 좋습니다. 많은 돈을 들여 투자하므로 위험은 무조건 피해야 합니다. 문제가 없는 건물을 매수해야 불필요한 고민을 안할 수 있습니다. 위반건축물인지 여부를 직접 확인하여 혹시 모를 문제를 피하도록 합니다."

22.

투자하려는 건물의
관리 상태는 직접 확인해야 한다

"사업을 하고 있어서 직접 사무실로 사용할 건물을 찾는 경우 건물에 신경을 많이 쓰게 됩니다. 나와 직원들이 하루 종일 업무하는 공간이니 컨디션이 좋은 건물을 찾게 됩니다. 이번에는 건물 관리 상태를 어떻게 확인할지 알아보겠습니다. 건물 외관 컨디션이 좋고, 내부도 깔끔해서 주변 시세에 비해 다소 비싸더라도 매입을 생각하는 경우가 있습니다. 이는 아파트를 매수하려고 집을 돌아보다가 실내 인테리어가 잘되어 있는 아파트를 발견해서 매입을 고려하는 것과 비슷합니다. 아파트도 보이는 부분만 인테리어공사를 하면 적은 비용으로 깔끔한 느낌을 연출할 수 있습니다. 건물도 똑같습니다. 건물이 실제로 전면 리모델링을 해서 컨디션이 좋은지, 보이는 부분만 수선한 것인지 내가 알아볼 수 있어야 합니다. 그래야 주변 시세보다 비싸도 내가 알고 사는 것이기 때문에 나중에 후회가 없습니다. 깔끔해 보이지만 실제로 건물의 주요 설비에 대한 수선을 하지 않은 상태라면 건물을 보유하면서 수선비가 계속 발생할 수 있습니다.

그럼 어떻게 건물 컨디션을 체크해 볼 수 있을까요? 건물 외관이 전면 유리로 되어 있어서 깔끔해 보이거나 신축한 지 얼마 안 되어 보이더라도 꼭 건축물대장에 나와 있는 사용승인일을 확인합니다. 건물이 지은 지 40년 이상 된 건물도 외관은 신축급에 가까울 수 있습니다. 사용승인일이 오래된 건물이라면 건물을 실제로 보러 갔을 때 꼼꼼하게 확인해야 합니다. 건물의 안 좋은 점을 찾아서 건물 가격을 낮추려고 하는 게 아닙니다. 어디까지 수선을 한 건물인지 확인하는 작업을 하는 겁니다. 건물의 전면 말고 옆 건물과 맞닿은 측면에 해당하는 벽면을 확인합니다. 건물에 따라서는 도로변에 접하는 전면에 해당하는 외관만 수선하는 경우가 있습니다. 그리고 건물 안으로 들어가서는 꼭대기 층에서부터 계단을 통해 내려오면서 각 층을 직접 확인해 봅니다. 엘리베이터가 깔끔해 보이더라도 건물 계단실까지 수선을 안 하는 경우가 많습니다.

건물 안내 자료를 볼 때에는 컨디션이 좋아 보였지만 막상 현장에서 보니 자료에 나온 사진만큼 만족하지 못할 때도 있습니다. 건물을 매수하면 수선을 해야 할 부분이 어디인지 미리 알아두면 추후 매입 이후에 현 상태로 매각, 리모델링 후 매각, 신축 후 매각, 장기 보유 등을 고민할 때 도움이 됩니다.

건물이 리모델링된 상태라면 리모델링 전과 대비하여 얼마나 공사했는지 확인해야 합니다. '네이버지도 거리뷰'나 '다음지도 로드뷰' 기능을 활용하면 연도별 건물 외관을 볼 수 있습니다. 즉 공사 전 건물 외관 상태를 지도 사이트를 통해 확인하여 건물 컨디션이 얼마나 바뀌었나 직접 체크할 수 있습니다."

건물에 대해 멘토가 설명한 내용을 알고 구입할 수 있으면 실패 위험을 최소화하면서 투자 수익을 높일 수 있을 것 같다. 내가 아는 만큼 보이는 법이니 많이 배우고 건물을 투자하면 좋은 매물을 매입할 수 있을 것이다.

23.
투자할 건물은
일반인 관점에서 판단해야 한다

"건물을 투자하려고 알아보고 있다면 사업을 성공하든 재테크에 성공하든 일반인과 달리 경제적인 성공을 이룬 것입니다. 직장인이 평생을 일해도 모으기 어려운 돈을 모아서 건물을 매입하는 게 쉽지 않기 때문입니다. 이렇게 성공한 사람이 건물을 매입할 때 꼭 생각해야 할 내용이 있습니다. 내 재산이 어마어마해서 건물을 사는 데 크게 고민하지 않아도 되는 사람이라면 예외입니다. 지금 매입하는 이 건물이 내 인생을 건 투자인 분들은 주의 깊게 들어야 합니다. 바로 '일반적인 매수자의 입장'에서 생각해야 한다는 것입니다. 직접 사무실로 사용할 계획이든 임대를 줄 계획이든 추후에 건물을 매각하면서 차익이 많이 나길 원합니다. 매각 차익을 극대화하기 위해서는 평범한 매수자, 모든 사람들이 좋아할 만한 건물을 매수해야 합니다.

일반인들에게 좋은 건물은 어떤 건물일까요? 사거리에 위치해서 눈에 잘 띄고 지하철과 버스 정류장이 가까우면서 도로폭이 넓으면 일반적으로 좋은 건물이라고 생각합니다. 또 건물 외관과 내부 컨디션도 좋길 바라고 주차도 어렵지 않게 할 수 있길 원합니다.

건물을 매수하려고 알아볼 때에는 내가 중요하게 생각하는 부분이 아니라 일반인들의 관점에서 하나씩 체크해야 합니다. 심각한 결점이라고 생각하는 부분이 나만 예민하게 보는 부분이라면 다시 한번 진지하게 고민을 해야 합니다. 내가 견딜 수 있는 결점만 빼고 다 괜찮은 건물이라면 적극적으로 매수를 검토해 볼만 합니다. 추후 몇 년이 지나 매각을 진행할 때 매수하려는 사람은 내가 생각하는 결점은 신경도 안 쓸 수 있기 때문입니다. 반대로 나는 대소롭지 않게 생각하지만 일반적으로 중요한 부분은 심각하게 받아들여야 합니다. 예를 들어 평소에 차를 자주 안 타고 다녀서 주차에 둔한 편이더라도 주차가 불편한 건물은 임차인 확보에도 어려움이 있고, 매각할 때에도 문제로 생길 수 있으므로 주의해야 합니다. 따라서 건물을 알아보러 다닐 때에는 일반인 관점에서 나에게 직언할 수 있는 지인과 동행하는 것도 좋은 방법입니다."

24.

건물을 투자하는 이유를
분명히 해야 한다

"건물을 투자하려고 알아보다 보면 고민이 많이 됩니다. 누구나 좋은 건물을 원하지만 정해진 예산하에 투자가 이루어지다 보니 마음에 드는 건물을 못 찾거나 여러 가지 건물을 두고 고민이 길어지다가 좋은 건물을 다른 투자자에게 뺏기는 경우도 있습니다.

건물을 투자하려고 결정하였다면 왜 건물을 사려고 하는지 분명하게 해야 합니다. 건물을 장기간 보유해서 시세 차익을 많이 얻고 싶은지, 지금 사무실로 쓰면서 매달 내는 월세가 아까워서 차라리 내 건물에 들어가서 월세 대신 이자를 내고 싶은 건지, 노후 자금으로 매달 안정적인 생활비를 얻고 싶은 건지 내 진짜 속마음을 알아야 합니다.

내가 건물을 투자하는 이유가 분명해지면 건물을 찾기 수월해지고 투자 시기도 앞당겨질 수 있습니다. 사무실로 직접 쓰면서 안 쓰는 공간의 임대 수익도 많이 받고 나중에 건물도 비싸게 매각하고 싶다면 이것은 건물 투자 목적이 불분명한 것입니다. 이런 분들은 우선 순위를 정하면 됩니다. 건물을 투자하려는 가장 큰 이유가 시세 차익이라면 급매로 나온 상업지역에 노후화된 건물을 매입을 고민해 볼 수 있습니다. 그러나 이 투자안은 임대 수익은 낮기 때문에 자금의 여유가 있는 투자자만 생각해 볼 수 있습니다.

서울 외곽에 지하철역 인근 신축 건물은 매달 안정적인 수익을 원하는 은퇴자에게는 좋은 투자 대안입니다. 그러나 매각 차익만을 생각하며 공격적으로 투자하려는 수요층에게는 매력이 떨어질 수 있습니다.

내 상황을 객관적으로 분석하고, 내가 건물을 투자하려는 이유를 파악한다면 나에게 필요한 건물, 내가 투자해야 할 건물이 어떤 것인지 알 수 있습니다. 그래야 건물을 매수하는 과정에서 갈팡 질팡하지 않고 과감하게 의사결정을 할 수 있습니다."

멘토의 설명을 듣다 보니 나도 막연하게 건물주가 되고 싶었던 것 같다. 임대 수익으로 경제적 자유를 원했던 것인지, 매각 차익으로 경제적인 부를 증가시키는 데 중점을 둘 것인지 고민을 해 봐야겠다.

25.
거래가 많이 이루어지는
지역의 건물이 많이 오른다

"강남 지역과 주요 지역 건물을 투자하는 게 지가 상승 면에서 유리하다고 설명드렸습니다. 강남 지역 내에서도 어디가 좋을까요? 지하철역과의 거리와 유동 인구, 집객 시설 등 일반적으로 고려하는 요인 외에 중요한 포인트는 '거래량'입니다. '거래량'이라는 변수는 다소 의아할 수 있습니다. 일반적으로 아파트처럼 거래가 빈번히 일어나고 거래 대상이 많을 경우가 고려할 요소이고 부동산에서는 경기 변동을 고려할 때 참고하는 수준이기 때문입니다.

그러나 '거래량'이 중요한 이유는 지속적으로 시세를 상승시켜 주기 때문입니다. 즉, 거래가 빈번한 강남에 특정 지역은 이번 달에 거래가 이루어지면 최근 지가 상승을 전부 반영할 수 있지만, 거래가 빈번하지 않은 강북 특정 지역은 6개월 전 거래가 마지막이기 때문에 6개월 사이의 지가 상승은 확인하기 어려운 문제가 있습니다. 아무리 높은 수준의 호가로 매물이 많이 나오더라도 거래가 이루어지지 않으면 호가는 호가일 뿐 시세가 되지 않습니다.

거래가 일어나는 지역의 범위가 넓고 실제로 매수가 꾸준하여 거래가 많이 일어나는 지역은 지속적으로 시세가 상승하면서, 기존 거래가를 하한으로 매매가 이어집니다.

그렇다면 이 '거래량' 변수는 건물을 투자할 때 어떻게 활용할 수 있을까요? 투자하려고 하는 건물과 하나의 섹터로 보이는 지역의 범위를 확인해야 합니다. 학교나 공원 등으로 지역의 범위가 단절되거나 충분하지 않다면 고민할 필요가 있습니다. 줄어든 지역 범위만큼 상대적으로 거래가 드물게 일어나서 꾸준한 지가 상승을 기대하기 어려울 수 있기 때문입니다.

또한 지역 범위 내 다세대주택, 아파트와 같은 구분 건물이 많다는 것도 거래할 수 있는 건물이 적다는 반증에 해당할 수 있기 때문에 확인할 필요가 있습니다."

주식 투자에서 '거래량'이 중요한 것처럼 건물 투자에서도 고려해야 할 변수라는 게 신기했고, 멘토의 설명을 듣고 나니 꼭 확인해야 하겠다.

26.

건물 가격은 토지 때문에 오른다는 사실을 명심하자

"건물을 투자하면서 신축 건물을 매입하려고 할 때에는 자세히 알아봐야 한다는 말씀을 드렸습니다. 특히 서울 이외의 지역에서 높은 층수의 건물일 경우 매매가격에서 건물이 차지하는 비중이 큰 편입니다. 이러한 건물은 임대 수익을 받거나 직접 사업체 사무실 등으로 사용하기에 좋습니다. 다만 매년 건물의 가치는 떨어지게 됩니다. 이론적으로 '감가상각'이라는 표현을 쓰고 있으며 쉽게 설명하면 신축한 지 20년이 지난 건물의 사무실이 새로 지은 옆 건물 사무실보다 임대료가 낮은 것과 비슷한 원리입니다. 일반적으로 시장에서는 20년 정도 이상 경과된 건물은 실제 건물의 가치를 인정하지 않고 토지만의 가치로 거래가 이루어지는 관행이 있습니다.

지금 너무 마음에 드는 건물도 몇 년 동안 사용하다 보면 노후화가 진행되고 관리가 필요하게 됩니다. 건물 비중이 높고 토지 시세가 많이 오르지 않은 지역은 몇 년이 지나도 건물 시세가 제자리에 머무르게 됩니다. 건물은 매년 가치가 떨어지는데 상대적으로 토지 시세 상승이 뒷받침되지 않기 때문에 발생하는 일입니다.

직접 사무실을 사용할 용도로 건물을 매입하는 경우에만 이런 건물에 투자해야 합니다. 임대 수익이나 직접 사용할 목적으로 건물을 매수했지만 막상 몇 년이 지나서 건물을 매각할 때 시세가 오르지 않으면 투자를 실패한 것 같아 후회하게 됩니다. 매각 차익을 생각하지 않았지만 막상 그 시점이 되면 내심 가격이 많이 오르길 바라기 때문입니다.

그러므로 꼭 명심해야 할 것은 건물 투자로 막대한 부를 이룰 수 있는 것은 '토지'라는 사실입니다. 토지의 가치를 생각하면서 투자해야 성공할 수 있다는 것을 기억하면서 투자해야 만족할 만한 결과를 기대할 수 있습니다."

지나가면서 보게 되는 예쁜 건물, 모던하고 깔끔한 건물을 보면 매입하고 싶고 직접 사용하고 싶다는 생각이 들지만 실제로 이런 건물을 투자할 때에는 신중해야겠다. 겉보기에 화려하지만 몇 년 후에 이런 건물을 매각할 때에는 건물 가치가 하락한 것보다 토지 가치가 많이 올라야 수익이 나는 구조라는 설명을 듣다 보니 대한민국은 결국 '땅'이 중요하다는 이유를 알 것 같다.

27

투자가 망설여지는 건물은
과감하게 포기하자

"건물을 투자하려고 알아보다 보면 마음에 드는 건물을 찾기까지 오랜 시간이 걸립니다. 괜찮은 건물 1개를 찾기 위해서 99개 건물을 검토할 수 있습니다. 건물을 투자하려고 알아본 지 얼마 안 되면 검토하는 건물들이 다 마음에 들어 보이지만 건물 투자 실력이 쌓여서 아는 게 많아질수록 어려워질 겁니다.

건물을 투자하려고 많은 건물들을 검토하고 알아보다가 이거다 하는 건물을 찾았고, 현장 조사와 중요한 내용들을 확인해 보니 문제가 없어서 최종 날짜만 결정하면 되는데 망설여질 때가 있습니다. 딱히 문제가 있는 것도 아니고 모든 요인들이 다 완벽한데 막상 투자를 하려고 하는데 마음이 가지 않는 경우가 있습니다. 내 전 재산을 투자한다는 부담감 때문인지 혹시 체크하지 못한 리스크가 있을지 모른다는 불안감 때문인지 모릅니다. 이렇게 망설여지는 건물은 과감하게 투자를 접어야 합니다. 내 마음이 내키지 않는 건물은 내 건물이 아닌 것입니다. 나와 인연이 아닌 건물은 빨리 떠나보내야 합니다. 투자가 망설여지는 건물은 줄곧 그 감정이 이어집니다.

저도 1년 동안 수백 개의 건물을 검토합니다. 그중 손가락에 꼽을 만큼 적은 숫자의 건물을 실제로 투자할지 고민합니다. 모든 검토가 끝나면 마지막으로 매입을 해야겠다는 '느낌'이 오는지 확인합니다. 막상 매입할 생각을 할 때 끌리지 않는 건물, 고민만 하게 되는 건물은 미련 없이 포기합니다. 일주일 넘게 매달리면서 완벽하게 검토했지만 내 건물이 아니기 때문입니다.

투자할 때 확신이 드는 건물을 찾아야 합니다. 내 느낌과 맞는 건물이어야 매입을 했을 때 원하는 결과를 기대할 수 있습니다. 아직 건물 투자를 시작하지 않은 경우 생소한 내용일 수 있습니다. 그러나 나와 잘 맞는 건물이 있다는 사실은 기억하시길 바랍니다."

멘토가 나와 맞는 건물이 있다는 설명을 시작했을 때에는 처음 듣는 내용이어서 의아했지만 듣다 보니 내 예감과 맞아 떨어지는 건물이 있을 수 있겠다는 생각이 들었다. 건물 투자 경험이 쌓일수록 이 건물이라는 느낌이 드는 건물을 찾을 수 있을 것 같다.

28

건물에 투자해야 성공할 수 있다

"부동산과 건물 투자 시장이 호황이던 2020년부터 2년간 주변에서 분양 사업을 같이 해 보자는 제안을 많이 받았습니다. 이미 부동산 투자 시장에 몇십 년간 몸담았기 때문에 분양을 통해서도 돈을 많이 벌 수 있다는 것을 잘 알았지만 모두 거절했습니다. 왜 그랬을까요? 제가 통제할 수 없는 위험이 있기 때문입니다.

분양 사업이라는 것은 주요 입지의 넓은 규모 토지를 매입한 후에 건물을 올리고, 호수별로 분양을 하면서 현금을 회수하고 투자금의 몇 배 수익을 올리게 됩니다. 이 과정에서는 토지 매입 관련, 건물 신축 관련, 분양 관련하여 많은 이슈들이 생기게 됩니다. 당연히 전문가들이 도와주고 책임지기 때문에 적은 리스크로 많은 돈을 벌 수 있다는 것은 압니다. 그렇지만 제 돈을 많이 투자하고 다른 사람이 잘하는지 지켜보는 것은 남에게 돈을 맡기고 돈을 불려 달라고 부탁하는 것과 별반 다르지 않습니다.

이 방법은 제가 생각하는 건물 투자와는 다릅니다. 왜 많은 투자 대안들 중에 건물을 투자하는 걸까요? 안전하기 때문입니다. 안정적으로 임대 수익이 발생하고 지가 상승이 있기 때문에 건물주가 되려고 합니다.

그러나 분양 사업은 건물 투자와는 전혀 다른 형태의 높은 위험을 안고 고수익을 기대하는 사업입니다. 내가 통제할 수 없는 위험을 지닌 변수들이 많다는 것은 자칫 원금도 손실이 날 수 있다는 겁니다. 지금까지 생각해 온 건물 투자의 기본인 원금을 지킨다는 원칙마저 위협받게 됩니다. 이러한 이유들 때문에 투자금 대비 몇 배의 수익을 기대할 수 있는 분양 사업에는 관심조차 갖지 않았습니다. 건물을 왜 투자하려고 하는지 잘 생각해야 합니다. 건물 투자의 장점을 따를 때 이와 상반되는 투자는 가급적 멀리하는 게 좋습니다. 그래야 여러분의 자산을 지킬 수 있습니다."

멘토 역시 부동산 사업을 하자는 제안을 많이 받고 있었지만 통제할 수 없는 위험이 있기 때문에 참여하지 않는다고 하셨다. 생각해 보면 건물 투자를 빼고 다른 투자안들은 모두 위험이 있는 것 같다. 그래서 멘토가 건물 투자만 하고 주식과 다른 투자는 관심을 가지지 않는 것이었다. 역시 투자의 고수는 본인만의 철학이 있었다. 나도 이제 멘토의 철학을 따라야겠다.

29.

건물 투자는
은행 대출을 잘 이용해야 한다

"강남에 있는 건물이면 몇백 억 할 것 같지만 실제로 투자를 결심하고 검토하다 보면 몇십 억 대 건물도 많다는 것을 알게 됩니다. 그럼 몇십 억 하는 돈을 모두 현금으로 가지고 있어야 할까요? 아닙니다. 은행 대출을 이용해야 합니다. 은행에서 매매가격의 60~70% 수준은 대출을 해줍니다. 매매가격의 30%만 있어도 건물을 매수할 수 있습니다.

내가 가진 현금이 많더라도 세무조사나 다른 투자 기회를 생각해서 은행 대출은 최대한 이용해야 합니다. 지금 투자하려는 건물이 가장 좋은 것 같지만 내일 더 좋은 건물을 급매로 매수할 기회가 찾아올 수 있기 때문입니다.

내가 사업을 하면서 주로 이용하는 은행이 있더라도 대출을 알아볼 때에는 1금융권 은행을 최대한 많이 알아봐야 합니다. 각 은행들마다 대출 비율과 대출 이자율 등 대출 조건이 상이하기 때문에 나에게 유리한 조건을 제시하는 은행을 찾습니다. 주거래 은행이 대출도 많이 안 해 주고 이자율도 높을 수 있습니다. 그러므로 많이 알아보고 시간을 투자해야 원하는 조건을 제시하는 은행을 찾을 수 있습니다.

은행에서 70%를 대출 받고 30%의 자기 자본과 각종 부대비용을 고려할 때 현금이 35억 준비되면 100억의 건물을 투자할 수 있습니다. 은행에서 대출을 받게 되면 레버리지 효과도 기대해 볼 수 있습니다. 요즘처럼 금리가 높은 경우에는 수익률이 만족스럽지 않을 수 있지만 추후 매각 차익까지 생각한다면 효과는 분명히 있습니다. 레버리지 효과란 내가 투자한 건물 총액을 기준으로 총 수익을 비교하는 것이 아니라 은행 대출 금액을 제외한 내 실제 투자 금액과 대출 이자까지 차감하고 난 실제 수익을 비교하는 방법입니다.

대출을 이용하면 자기 자본이 적어도 투자를 할 수 있기 때문에 높은 투자 수익을 기대할 수 있게 됩니다. 은행에서 대출을 받으면서까지 투자를 하는 것은 아니라고 생각한다면 잘못 생각하고 있는 것입니다. 주식 투자는 빚을 내면서 하면 안 됩니다. 아파트도 가급적 내 돈으로 사는 게 맞습니다. 그러나 건물은 다릅니다. 무조건 대출을 이용해서 투자해야 성공합니다. 내 돈으로만 투자하려고 하면 적은 자본으로 좋지 않은 건물만 찾게 되고 수익률도 낮아지게 됩니다. 혹시라도 건물을 투자하면서 대출을 안 받겠다고 생각한다면 건물을 투자하는 것을 다시 한번 생각해 봐야 합니다."

멘토의 설명을 듣다 보니 은행 대출을 이용하면 내가 매매금액의 일부만 있어도 투자를 시작할 수 있는 것이다. 멘토는 설명을 이어갔다.

30

은행에서 좋은 조건으로 대출을 받는 방법

"100억 건물을 투자하면서 60억 대출을 받아서 a은행에서 5% 이자율을 적용받는다면 매년 3억을 이자로 지불하게 됩니다. 그런데 친구에게 연락이 옵니다. 친구 삼촌이 a은행 지점장이니까 찾아가서 상담을 받아 보기로 합니다. 친구 삼촌을 찾아가서 5% 이자를 내는 조건과 60억 대출을 받기로 했다고 말씀드리니 지점장 특별 승인으로 금리를 추가로 낮춰서 4.8%의 이자율 조건을 받습니다. 매년 1천2백만 원의 이자를 절약할 수 있게 된 것입니다. 그렇게 상담을 받고 나오는데 맞은 편에 b은행의 대규모 점포가 눈에 들어옵니다. 혹시나 싶어서 들어가 대출 상담을 받아 봅니다. 팀장급 직원은 a은행에서 제시받은 조건까지 상세하게 메모를 하고는 다음 날 연락을 준다고 합니다. 다음 날 b은행은 '60억 대출에 4.5% 이자율까지 가능하다'고 이야기합니다.

다소 황당한 이야기처럼 들릴 수 있는 에피소드입니다. 그런데 실제로 은행 대출 조건은 이렇게 은행마다, 담당자마다 상이합니다. 은행마다 대출 상품이 상이하고, 은행 내에서도 담당자 역량에 따라서 대출 금리 등의 조건을 다르게 제시할 수 있습니다. 그래서 은행에서 대출을 받으려고 할 때에는 많이 알아봐야 합니다. 일단 1금융권은 모두 방문한다고 생각합니다. 우리, 신한, KB, 하나, IBK 5곳의 은행은 모두 알아봐야 합니다. 그리고 주변 지인들에게 연락하여 각 은행 직원들을 소개받습니다. 은행 지점 내에서도 맡은 역할이 다르기 때문에 소개받은 직원이 직접 대출을 담당하지 않아도 능력 있는 담당자를 연결해 달라고 부탁합니다.

건물을 투자할 때 받는 대출은 기업 대출 업무에 해당하고, 지점별로 한두 명에서 큰 점포는 여러 명이 업무를 담당합니다. 대출을 많이 취급하는 지점이라는 것은 좋은 조건을 제시해서 고객이 몰린다는 의미이므로 거기를 가야 합니다. 그래야 그 은행에서 가장 좋은 조건으로 상담받을 수 있습니다. 꼭 그 지점의 담당자를 소개받지 않아도 됩니다. 어느 지점인지 확인하고 직접 가서 상담을 받는 걸로도 충분합니다. 내가 아는 지인이 기업 대출을 전문적으로 하지 않는 지점에서 근무하면 기업 대출 실적이 제일 좋은 지점을 물어보고 거기로 가야 합니다.

내가 알아보고 발품을 팔아서 대출 금리를 낮출 수 있으면 그만큼 매달 돈을 버는 것이나 다름 없다는 것을 명심하고 열심히 알아봐야 합니다. 여러 곳을 알아보고 한 군데를 결정하면 너무 미안하지 않느냐고요? 내가 한 달에 몇백만 원을 절약할 수 있다면 얘기가 달라질 겁니다."

31

은행에서 좋은 조건으로
대출을 받을 수 있는 시기

"요즘에는 은행 담당자들도 소유자들이 대출을 받을 때 하나의 은행만 알아보지 않는다는 것을 잘 알고 있습니다. 보통 대출 상담하는 단계에서 여러 은행과 지점을 방문해서 조건들을 알아보고 제일 괜찮은 은행 두 군데 정도를 추려서 진행합니다.

은행에서 대출을 진행하기 위해서는 대출을 신청하고, 감정평가를 받으면 평가 금액을 기준으로 여신 심사 등의 과정을 거쳐 최종적으로 대출 금액과 금리를 확정하게 됩니다. 대출을 최대한 많이 받아야 하는 상황이면 금리 변수 외에도 대출 총액까지 신경을 쓰게 되기 때문에 더 많이 알아보게 되지만 대부분 은행에서 허용 가능한 수준의 대출만 받아도 된다면 금리만 비교하면 됩니다. 한번 대출을 받게 되면 중도상환 수수료 때문에 몇 년 동안은 은행을 바꾸지 않는 게 좋으므로 처음 대출을 받을 때 자세히 알아봐야 합니다.

건물을 투자하면서 대출을 받을 때에는 잔금 일자 등을 고려해서 대출이 실행되기 때문에 상관없지만 다른 은행에서 대출을 받으려고 하면 대출 시기를 신경 써야 합니다.

은행 직원들은 매년 대출 실적으로 인사 평가를 받습니다. 대출을 많이 실행해야 인사 고과를 잘 받을 수 있습니다. 일년 중에 직원들이 제일 열심히 일하는 시기는 봄입니다. 연초에는 인사 이동이 있는 시기입니다. 승진도 하고 지점도 옮기게 됩니다. 3월이 지나서 인사 이동이 끝나면 은행 직원들은 본격적으로 대출을 일으키기 위해 영업을 하게 됩니다. 은행 본점에서도 연초 실적을 높이기 위해 조건이 좋은 대출 상품을 출시합니다. 그래서 대출을 알아볼 때 최적의 시기는 봄입니다. 은행에서도 좋은 대출 조건을 제시하고 은행 담당자는 조건을 더 좋게 할 수 있는 방법이 있는지 적극적으로 알아봐 줍니다.

건물 투자 시기를 대출 때문에 조절할 필요는 없습니다. 그러나 대출을 받고 있는 도중에 대환을 생각하고 있거나 추가 대출을 받으려고 한다면 대출을 받는 시기는 조절하는 게 좋습니다. 원하는 조건으로 대출을 받는다는 것은 이자를 덜 내며 돈을 아낄 수 있다는 것이므로 시기를 잘 선택해서 열심히 알아봐야 합니다.

32.　　　　대출을 받기 위해 여러 은행에서 진행하더라도 신뢰를 유지해야 한다

"요즘 소유자들은 은행에서 대출을 받을 때 하나의 은행만 이용하지 않습니다. 처음 알아보는 단계에서는 여러 은행, 여러 지점을 방문해서 알아보고, 실제 대출을 받을 때에도 두군 데 정도 은행에서 진행합니다.

은행에서 대출 심사까지 모두 끝나서 대출 실행 최종 단계만 남아 있는데 소유자가 연락이 안 되는 경우가 있습니다. 지점 담당자는 대출이 실행되는 줄 알고 마지막 과정만 기다리고 있는데 갑자기 연락이 안 되면 기분이 상하게 됩니다. 고생한 것도 있고 고객과 지점 담당자 사이의 신뢰가 지켜지지 않았기 때문에 서운한 마음도 듭니다. 소유자 입장에서는 두 군데 은행에서 대출을 진행해서 최종 대출 조건을 듣고 좋은 조건의 은행을 선택한 것입니다. 그래서 선택하지 않은 은행 담당자의 연락은 피하게 됩니다. 이것은 좋지 않은 대응입니다. 애초부터 사실대로 이야기를 하는 게 좋습니다. 대출을 진행하는 두 군데 은행 담당자에게 모두 사실을 이야기합니다. 다만 선의의 거짓말을 보태는 게 좋습니다. 가족이나 친척 중에 다른 은행을 다니는 분이 있어서 불가피하게 두 군데를 알아본다고 이야기하면 담당자는 눈치를 챕니다. 지점 담당자도 아쉽지만 어쩔 수 없다고 생각합니다.

　대출 조건이 최종적으로 확인이 되어 하나의 은행을 선택하게 되면 다른 은행 담당자에게는 꼭 연락을 해서 상황을 설명하고 다음에는 꼭 이용하겠다는 말을 전하도록 합니다. 그래야 나중에 필요할 때 도움을 받습니다. 은행 대출 조건은 매년 변하기 때문에 나중에는 상황이 바뀔 수 있습니다. 지금 좋은 관계를 유지해 놓은 담당자가 몇 년 후에는 더 좋은 대출을 받을 수 있게 도와줄 수 있습니다. 은행 사이에 경쟁이 치열하고 소유자가 은행을 선택할 수 있는 입장이라고 해서 이를 특권이라고 생각하고 누리려고 하면 안 됩니다. 사람 사이의 관계에서는 신뢰가 중요합니다. 내가 선택한 a은행 조건이 좋은 건 b은행 담당자도 잘 알고 있습니다. 그래도 나를 선택하지 못해서 미안해하거나 다음에 꼭 같이 일을 했으면 좋겠다고 말하면 b은행 담당자는 다음에 더 열심히 일할 겁니다. b은행 담당자를 생각하는 게 결국 나를 위한 일이라는 것을 명심해야 합니다."

　멘토가 은행 담당자도 많이 알고 대출도 좋은 조건으로 받고 있었던 게 사람을 항상 소중하게 생각하기 때문이었다. 멘토 강의를 들으면서 멘토와 같이 부를 크게 이루기 위해서는 다방면에서 많은 노력이 필요하다는 것을 배우게 되었다.

33.   은행에서 대출을 받고 나서 정기적으로
은행별 대출 조건을 확인하자

"건물을 매입하면서 대출을 알아보려고 은행 담당자들을 만나 대출을 일으켜서 매매를 완료하면 힘이 듭니다. 이제 대출을 받았으니 앞으로 은행은 알아보지 않고 싶겠지만 처음 대출을 받고 3년마다 은행별 조건을 비교하면서 좋은 조건의 은행으로 대출을 바꾸는 작업을 해야 합니다. 요즘과 같이 은행 금리가 높을 경우에는 은행마다 대출 조건에 따라 금리 차이가 많이 납니다. 그래서 대출 금액이 수십억 이상인 경우에는 은행을 옮기는 경우에 발생하는 중도상환 수수료를 감안하더라도 매달 내는 이자가 적어서 대환을 하는 게 유리할 수 있습니다.

은행은 내 편이 아닙니다. 은행 담당자는 나를 위해 일할 수 있지만 은행에 소속된 직원일 뿐이며, 은행은 이익을 극대화하는 집단이라는 것을 명심해야 합니다. 주거래 은행에서 친한 담당자에게 대출을 받았다면 1년 만에 다른 은행으로 옮기는 게 신의를 저버리는 행동이라고 생각할 수도 있습니다. 그러나 막상 유리한 조건을 제시하는 b은행을 찾고, 은행을 옮기는 작업을 진행하다 보면 기존 거래하는 a은행에서 더 좋은 조건을 제시할 수 있습니다. 각 은행의 지점마다 주 고객이 타 은행으로 이탈

하게 되면 해당 지점은 정기적으로 있는 지점 평가에서 안 좋은 점수를 받기 때문에 파격적인 조건을 제시해서 기존 고객을 유지하려고 하기 때문입니다. 50억을 빌리고 0.5% 낮게 이자를 내도 되는 은행이 있다면 연간 2.5억, 매달 2천만 원 이상의 이자를 절약하게 됩니다. 이 금액을 은행 담당자와의 신의를 생각해서 더 내는 것은 현명한 의사결정이 아닙니다. 다만, 새로운 은행에서 제시한 대출 조건을 기존 은행에서 맞춰 준다고 해서 이를 악의적으로 이용해서는 안 됩니다. 그리고 대출을 바꾸려고 새로 알아보고 싶다면 일찍 움직여야 합니다. 대출을 새로 일으키기 위해서는 감정평가 업무에 1주일, 은행 내부적으로 심사를 받는데 2~3주일가량이 소요됩니다. 그러므로 여유 있게 2~3달 전에 미리 은행 담당자와 미팅을 하는 게 좋습니다."

34

은행에서 대출을 진행하면서
감정평가를 받을 때 신경 쓸 점

"은행에서 건물을 담보로 대출을 진행하게 되면 감정평가를 받게 됩니다. 감정평가법인에서 감정평가사가 직접 현장조사를 하면서 건물의 가격을 평가하는 과정입니다. 은행은 감정평가액을 기초로 하여 대출 비율을 적용한 후 선순위 근저당과 임차인 보증금 등을 제외한 금액으로 대출을 실행합니다. 은행의 대출 비율과 차감 금액은 정해진 변수이기 때문에 감정평가액이 대출을 많이 받는 데 중요한 요인입니다. 그렇다면 감정평가금액을 높게 받기 위해서 어떻게 해야 할까요?"

멘토가 강의를 하는 도중 나를 바라보았다. 감정평가사로 업무를 한 지 13년이 넘었기 때문에 내가 직접 이야기를 해야 하나? 고민이 들던 찰나, 멘토는 설명을 이어나갔다.

"감정평가는 감정평가사의 객관적인 판단으로 나오는 결과이므로 건물 소유자가 통제할 범위가 크지는 않습니다. 건물을 매매하는 중이면 대부분 담보 목적의 감정평가액은 매매 가액 수준으로 나오기 때문에 크게 걱정하지 않아도 됩니다. 건물 소유자는 건물의 리모델링이나 신축 등의 과정을 거쳤다면 도급계약서와 세금계산서 등의 자료를 준비하는 게 좋습니다. 그래야 건물을 평가할 때 실제 투자한 비용을 반영하여 감정평가를 높게 받을 수 있습니다. 수익이 잘 나오고 있는 건물의 경우에는 감정평가법인에서 사전에 임대차계약서 등 자료를 준비해 달라고 요청하니 준비하면 됩니다. 이 지역에 개발호재가 있거나 주변 시세에 대해 어필하면 감정평가를 더 높게 받을 수 있을까요? 일단 주변 시세나 최근 거래된 건물에 대해서는 언급하지 않아도 됩니다. 평가사들도 최근 계약한 거래사례를 모두 확인하고 평가를 하기 때문입니다. 개발 호재는 현장 조사 중인 평가사가 모를 수도 있으므로 가볍게 언급하는 게 좋습니다. 다만, 현재 언론에 발표되었거나 개발이 진행 중일 경우에는 효과가 있습니다. 감정평가사도 해당 지역에 대한 상세한 내용을 모를 수도 있기 때문입니다."

멘토는 감정평가를 많이 받아 왔기 때문에 감정평가에 대해서 잘 알고 있었다. 멘토의 설명을 들으면서 건물을 투자할 때 가장 중요한 게 경험이라는 생각이 들었다.

35.

내가 다 알려고 하기보다
유능한 전문가를 알려고 노력하되
최종 의사결정은 직접 하자

"건물을 투자하기 위해서는 대출 이외에도 세금, 계약, 등기, 인테리어, 건축 등 알아야 할 내용이 많습니다. 제대로 공부하려고 하면 분야별로 몇 년씩 공부해도 완벽하게 아는 데 어려움이 있습니다. 가장 좋은 방법은 내가 다 알려고 하지 말고 해당 분야에서 능력 있는 전문가에게 맡기는 겁니다.

예를 들면 건물을 투자할 때 이슈가 되는 세금에 대해 가장 능력 있는 세무사가 누구인지 알아내서 의뢰하는 게 가장 좋은 방법입니다. 능력 있는 세무사는 학력이나 경력이 중요한 게 아니라 실제로 절세 노하우를 잘 아는지가 중요합니다. 주변에 건물을 소유하고 있는 지인들을 수소문해서 알아보거나 아는 건물주가 없다면 관할 세무서 앞에 있는 세무사 사무실 중에 가장 메인 위치에 자리잡은 사무실을 몇 군데 방문해서 유료 상담을 받는 것도 좋습니다. 높은 임대료를 감당할 만큼 실력이 있을 수 있기 때문입니다. 또는 세무서 30년 경력 세무사가 있다는 홍보 문구 등이 있는 곳은 실제로 세무서 내부 실정을 잘 알기 때문에 최근 퇴직한 세무사 사무실에서 상담받는 게 유리할 수 있습니다. 이렇게 각 분야별로 능력 있는 전문가를 찾아서 업무를 맡기는 것이 가장 좋은 성과를 내는 방법입니다. 시간이 한정되어 있는데 한 가지 분야를 공부하기 시작해서 전문적인 지식을 쌓기까지 노력을 많이 들여야 하므로 비효율적입니다. 단, 명심해야 하는 것은 전문가에게 맡기더라도 최종 의사결정이 필요한 부분은 직접 고민해야 합니다. 저는 건물의 매매가격이 적정한지 매번 감정평가사에게 연락하여 매매가에 대한 검토 과정을 거칩니다."

실제로 멘토는 검토 중인 건물이 있으면 매매자료를 보내 주면서 평가사로서 투자 가치가 있는 건물인지 확인받았다. 신기한 것은 멘토가 하루에도 여러 건의 건물의 자료를 받아 보는데 내게 검토해 달라고 연락 오는 건물은 한 달에 한 건도 채 되지 않는다는 것이었다.

"하루에도 여러 개의 건물 매물들을 검토하다가 이거다 하는 건물을 발견하면 감정평가사에게 검토를 해 달라고 하여 내가 미처 못 본 부분이 있는지, 추가로 고려할 내용이 있는지 체크합니다. 그리고 나서 문제가 없으면 다시 검토하면서 의사결정하는 과정을 거칩니다. 감정평가사는 건물의 가격, 세무사는 절세 부분의 전문가입니다. 이 건물을 투자한 결과는 온전히 내가 책임지는 것이므로 가장 실력 있는 전문가에게 부탁을 하되 중요한 의사결정은 직접 해야 한다는 것을 명심해야 합니다."

36.   낮은 가격에 건물을 매입해야
성공하는 건물 투자를 할 수 있다

"건물 투자를 하는 이유는 무엇이죠? 가장 중요한 것은 수익입니다. 매달 받는 임대 수익도 있고 매각하면서 누리는 시세 차익도 있습니다. 건물 투자를 성공하는 방법을 알려 드릴까요? 시세보다 저가로 나온 건물을 매입하는 것입니다. 그럼 매입하면서 시세 차익을 얻기 때문에 건물을 소유하는 내내 성공하는 투자를 하게 됩니다. 그럼 낮은 가격에 매물로 나온 건물이 있을까요? 있습니다. 하루에 몇 개씩 검토하면서 1년이 지나면 저가 매물을 몇 개 발견합니다. 주변 실거래들보다 10% 이상 낮게 나온 건물이 있습니다. 상속이 이루어지는 과정에서 분쟁이 생겨서 빨리 매각을 원하는 경우나, 사업체를 운영하다가 운영 자금이 급하게 필요해서 건물을 매각해 현금화를 원하는 경우 등등 소유자의 개인적인 사정이 있을 경우 저가로 급하게 매각을 진행합니다. 매물로 나온 건물 100개를 검토하면 한 개의 우량한 건물을 찾을 수 있습니다. 물론 중개법인을 통해서 편하게 매물 자료를 받으면 그 확률은 낮아지고, 반대로 직접 지역에 위치한 중개사 사무소를 방문해서 건물 매물들을 확인하면 급매로 나온 건물을 찾을 확률이 높아집니다. 1년 동안 열심히 돌아다녀서 한 개의 건물을 급매로 매입할 수 있다면 50억 건물 기준으로 시세보다 10% 저가로 나온 건물을 투자하면 매입을 하면서 5억의 수익이 발생하게 됩니다. 1년 동안 투자 가치 높은 건물을 찾는 업무로 연봉 5억을 받는 겁니다.

급매로 나온 매물을 찾으면 그동안 생각해 온 주요 투자 포인트들을 생각하면서 매입을 고민하게 됩니다. 저가로 매입하는 것은 좋지만 내가 잘 모르는 지역이라서 앞으로 지가가 상승할지, 상권이 확장할지 등이 고민된다면 과감하게 투자를 접어야 합니다. 자칫 싼 게 비지떡이 될 수 있습니다. 아무리 소유자의 개인 사정이 급하더라도 우량한 건물을 왜 이렇게 저가로 팔려고 할까를 항상 생각하면서 알아봐야 합니다."

멘토는 항상 급매로 나온 건물을 찾기 위해 열심히 알아보면서 막상 투자 가치가 있는 건물을 발견하더라도 본인의 엄격한 투자 기준에 부합하지 않으면 성급하게 매입을 하지 않았다. 그래서 실제 투자하는 건물이 극히 드물었던 것이다. 강의를 들으면서 멘토의 냉철한 투자 철학을 온전히 내 것으로 만들어야 멘토와 같은 성공한 건물 투자자가 될 수 있을 것 같다.

37.

건물 투자를 위한 준비는
지금부터 시작한다

"건물 투자는 언제부터 준비하면 좋을까요? 현금으로 30억이 준비되어야 할까요? 아니면 아파트를 소유한 상태에서 현금으로 10억이 있어야 할까요? 모두 아닙니다. 건물 투자 준비는 지금부터 시작해야 합니다.

지금 아파트도 없고 돈도 없는데 무슨 건물 투자를 준비하냐고 생각할 수 있습니다. 하지만 건물을 투자하는 데 완벽한 준비는 없습니다. 수백억을 모을 수 있다면 그 이후에 건물을 투자해도 늦지 않습니다. 그러나 대부분은 은행에서 대출을 최대한 받아야 흔히 말하는 꼬마 빌딩을 투자할 수 있습니다. 가진 자금이 충분하지 않으면 불안함이 커지기 마련입니다. 그래서 미리미리 건물 투자를 공부해 온 사람만이 그 두려움을 최소화하면서 투자를 실행할 수 있습니다. 지금 경제적으로 준비가 되어있지 않더라도 건물 투자에 필요한 기초지식을 익히고 모의 투자를 진행하는 게 좋습니다. 중요한 내용들을 공부하고 '디스코, 밸류맵, 네이버부동산'과 같은 사이트에서 주변 실거래 자료와 매물 자료들을 검토하면서 내가 지금 자금이 있다면 어떤 건물을 살지 모의 투자를 해 보는 겁니다. 실제로 투자한다는 생각으로 건물들을 검토하면 막상 좋은 매물을 찾기 어렵다는 생각이 듭니다. 주변 거래된 사례들보다 높게 매물로 나온 건물이 대부분이고, 투자 단위도 크고, 막상 적정해 보이는 건물은 수익이 안 나오는 경우가 많습니다. 이런저런 이유로 건물 투자가 쉽지 않다는 것을 직접 깨달아야 합니다. 실제로 건물을 투자한다고 생각하면서 건물을 검토하는 시간을 매일 30분 이상 가지면 조금씩 시야가 넓어지기 시작합니다. 그렇게 1년 이상 시간이 지나면 검토했던 매물 중에 실제로 매매가 이루어진 건물도 확인하면서 이런 건물은 바로 매매가 된다는 것도 경험할 수 있습니다.

건물 투자는 하루 아침에 실행할 수 없습니다. 매일 30분씩 꾸준히 모의 투자를 하면서 2~3년 정도 시간이 지나면 관심 있는 지역의 시세가 눈에 들어오게 됩니다. 그리고 그 지역을 직접 방문하면 이 건물이 작년에 얼마에 거래되었고, 저 건물은 이번에 얼마에 매물로 나왔고, 지금 신축 공사 중인 이 토지는 언제 얼마에 거래되고 나서 바로 건물을 신축하구나 등을 직접 확인하면서 건물 투자가 재미있어집니다. 관심을 가지면서 시간이 지나면 즐거워지고 그렇게 서서히 건물 투자에 가까워집니다."

38.

건물 소유자는 건물의 주인이므로 임차인과 갈등이 생기면 건물 입장에서 의사결정 해야 한다

멘토가 설명해 주는 건물 투자 강의는 경제적으로 준비가 되지 않은 나도 노력하면 건물주가 될 수 있다는 자신감이 들게 했다. 어차피 세월은 흘러가는데 더 늦기 전에 인생을 걸어야겠다고 다짐하면서 강의를 듣던 중이었다. 멘토가 갑자기 급한 전화를 받아야 해서 잠시 통화를 하고 다시 강의를 시작했다.

"건물을 소유하다 보면 임차인과 갈등이 생깁니다. 지금도 임차인과 문제가 생겨서 급하게 통화를 했습니다. 어떤 문제인지 궁금하시죠? 임차인이 월세를 안 내고 있거든요."

임차인과 갈등이라고 해서 큰일인가 생각했는데 임대료를 연체하는 중이라고 했다.

"모든 임차인이 내 생각과 같지 않습니다. 정해진 날짜에 임대료를 입금해야 하지만 그렇지 않은 임차인도 있습니다. 그럼 어떻게 해야 할까요? 건물 소유자마다 대응하는 방법이 다릅니다. 어떤 건물주는 인간적인 정을 생각해서 임대료가 밀렸다고 임차인에게 이야기하고 기다려 줍니다. 이러한 케이스는 건물을 수십 년 소유하거나 건물을 여러 채 소유하고 있어서 임대료 연체에 대해 신경 쓰지 않는 타입입니다. 주로 연세가 많은 건물주들 중에 이런 케이스가 많습니다.

저는 임대료가 연체되면 바로 임차인에게 찾아가서 연체 사실을 알리고 추후에 법적인 절차를 진행한다고 이야기합니다. 한 가지 명심해야 할 사실은 한 번 임대료를 연체한 임차인은 또 그럴 확률이 높다는 겁니다. 임대료를 중요하지 않게 생각하는 사람은 같은 실수를 반복하기 마련입니다. 그래서 임대료가 미납되면 바로 법적인 절차를 진행합니다.

인정도 좋고 사람을 배려하는 것도 좋지만 사람은 변하지 않습니다. 철저하게 건물 운영자 입장에서 의사결정을 해야 문제가 안 생깁니다. 임차인 입장에서 생각하려고 하면 나중에 안 좋은 상황을 맞이할 뿐입니다."

멘토는 임차인이 임대료를 계속 연체해서 명도를 진행하면서 집행관이 문 앞에 도착하자 그제서야 밀린 임대료를 한 번에 납부했던 적이 있다고 했다. 그리고 다음 달에 또 임대료를 내지 않았다고 한다. 운영이 잘되고 있는 사업장이었기 때문에 임차인 개인의 문제라고 생각이 들어 알아보니 이전 건물에서도 건물주와 임대료 미납 때문에 크게 문제가 생겨서 멘토의 건물로 옮겼다고 했다.

멘토는 그동안 건물을 소유하면서 많은 임차인들을 만나봤고, 대부분의 임차인은 임대료를 최우선으로 지불해야 하는 비용 중에 하나로 생각하지만 임대료 내는 것을 가볍게 생각하는 일부 임차인이 문제라고 했다. 그런 임차인은 철저하게 법에 정해진 절차에 따라 대응을 해야 비용과 수고를 덜 수 있다고 했다. 건물을 운영하면서 가끔 문제가 발생하는데 그중 하나가 이러한 임차인과의 문제였던 것이다.

39. 건물 투자를 하려고 부동산 관련 직종을 경험할 필요는 없다

"건물을 투자하고 싶지만 아직 자금이 마련되지 않아서 차선책으로 공인중개사나 부동산 컨설팅회사, 감정평가사 등 관련 분야에서 경험을 쌓으면서 부동산을 배우려고 하는 경우가 있습니다. 부동산 업무를 하면 부동산 관련 지식을 많이 배우는 것은 맞습니다. 그러나 해당 분야의 시각에서 부동산을 바라보기 때문에 건물 투자와는 다르다는 것을 알아야 합니다.

공인중개사의 경우에는 부동산 거래를 하기 때문에 거래 관점에서 건물을 바라봅니다. 이 건물을 거래하기 위한 핵심이 어떤 점이 있으며, 건물의 장점과 단점을 어떻게 언급할지 등을 고민하게 됩니다. 매수자가 무조건 가격을 낮추려고만 하면 거래가 안 되고 매도자가 자신에게 유리하게만 계약을 하려고 하면 서로 감정만 상하게 됩니다. 따라서 매도자와 매수자를 조율하는 과정이 중요합니다. 모든 것이 거래에 초점을 두고 업무가 이루어집니다.

최근 유행하는 부동산 개발과 시행 업무 등도 건물 투자와는 시각이 상이합니다. 부동산의 가치를 높이는 개발이라는 과정을 통해 수익을 높이지만 그만큼 위험도 높습니다. 개발과 시행 역시 건물을 투자하고 나서 할 수 있는 옵션 중에 하나일 뿐입니다.

이렇게 부동산 관련 업무들은 해당 분야의 수익 구조에 따라 건물을 바라보기 때문에 투자자의 관점과는 상이합니다. 건물 투자를 하려고 다른 업무를 경험하면서 건물을 투자하기보다는 본인이 가장 잘하는 분야에서 빨리 종잣돈을 모아서 건물을 투자하는 게 가장 빠른 길입니다. 규모가 작은 건물이라도 내가 직접 투자를 해 보는 것이 가장 좋은 방법이고 차선책은 지인이 건물을 매입하는 것을 가까이에서 지켜보면서 어깨 너머로 배우는 것입니다. 실제로 몇억에서 몇십 억의 현금을 투자하고 대출을 일으켜서 높은 이자를 감당하면서 건물을 투자하는 과정을 직간접적으로 경험해야 시야를 넓히고 배울 수 있습니다.

모두가 좋아하고 되고 싶어하는 건물주도 쉽지 않은 직업입니다. 직업을 얻기 위해 준비해야 할 자기 자본이라는 진입장벽이 높습니다. 그리고 대출을 받아서 건물을 매입하려면 두려움이라는 큰 장애물을 맞이하게 됩니다. 준비된 자만이 장애물을 쉽게 건너서 건물 투자를 경험할 수 있습니다."

감정평가사는 건물 주변의 과거 사례, 평가 자료 등을 참고하여 현재의 가치를 판단하기 때문에 미래 투자 가치가 있는 건물을 매입하기 쉽지 않다. 공인중개사는 거래 성사에 관심을 두고, 개발 사업은 수익을 높이려고 하기 때문에 안정적인 운영을 추구하는 건물 투자와는 다르다. 건물 투자는 실제로 건물을 매입하면서 하나씩 배우고 알아가는 게 가장 빠른 방법이라는 멘토의 설명에 고개를 끄덕이게 되었다.

처음 건물을 매입한 이후에
건물을 늘려가는 방법

"건물을 매입하는 과정이 생각보다 어렵지 않은 것은 은행 대출을 최대한 이용하면 자기 자본을 최소화하면서 수익률을 높일 수 있기 때문입니다. 이렇게 건물을 매입한 이후에 월 임대료로 대출 이자를 감당하면서 몇 년간 소유하면 건물의 가치가 오르게 됩니다. 이때부터 건물을 소유하면서 부자가 되는 마법이 시작됩니다.

처음에 건물을 100억에 매입하면서 대출을 70억 받았다고 하면 3년~5년이 지나면 2배가량 건물의 가격이 오릅니다. 그럼 기존 건물은 200억 시세에 대출이 70억이기 때문에 대출 비율이 70%에서 35%로 줄어들게 됩니다. 그럼 새로운 건물을 투자하면서 새 건물로 대출을 일으키고, 기존 건물에서 추가로 대출을 받아 새 건물의 자기 자본으로 활용하는 것입니다. 기존 건물 200억에서 대출비율 70%를 적용하면 140억까지 대출이 가능하고, 기존 대출을 제외한 70억까지 추가로 대출을 받을 수 있습니다. 기존 건물에서 추가로 대출받은 70억을 이용하여 새로운 건물의 매입자금 200억 중 자기 자본 비율인 30%에 해당하는 60억과 관련 부대비용을 지불합니다. 그리고 새로운 건물에서 대출을 일으켜 70%에 해당하는 140억을 납입하면 새로운 건물이 생기는 것입니다.

대한민국에서 건물을 여러 채 소유한 건물주 부자들은 이 방법을 이용하여 부자가 되었습니다. 건물 가격이 떨어지면 어떻게 할까요? 대출 이자를 감당 못 하면 어떻게 할까요? 공실이 생기면 어쩌죠? 등등 의심스러운 부분이 있을 것입니다. 그것은 건물주가 되기 위한 공부가 덜되었다는 반증입니다. 공부하고 알아봐야 합니다. 그리고 고민을 해야 합니다. 그러면 왜 이 방법이 부자가 되는 빠른 길인지 알게 될 것입니다.

아무래도 의심이 든다면 계속 의심하시기 바랍니다. 그리고 그 상태로 평범하게 지내면 됩니다. 공부하면서 알아갈수록 의심을 확신으로 바꿀 수 있습니다. 이 내용을 이해하고 행동으로 옮기는 극소수 인원만이 부자로 가는 열차에 탑승할 수 있습니다. 이를 실천한 사람만이 몇 년의 시간이 지나고 건물주라는 달콤한 결과를 맞이할 수 있습니다. 내 인생은 내가 만들어 나가는 것입니다. 인생 과정마다 있는 선택의 순간에 어떤 결정을 하느냐에 따라 남들보다 몇십 년 앞서갈 수도 있고 남들과 똑같이 걸어갈 수도 있습니다."

멘토의 강의를 들으면서 나는 어떤 인생을 살고 싶은지 생각해 봤고, 내가 원하는 인생은 건물에 투자해서 멘토의 길을 걷는 거라는 확신을 다시 하게 되었다.

못다 한 이야기

1.   천억 건물주는 어떤 분일까?

천억 건물주 멘토에 대해 무엇이 제일 궁금할까?

천억을 어떻게 벌었는지? 학벌은 어떻게 되는지? 원래부터 부자는 아니었는지?

천억 건물주 멘토에 대해 간략하게 정리해 보겠다.

(1) 천억 건물주 멘토는 자수성가형 부자이다.

(2) 천억 건물주 멘토는 "직장인 → 사업가 → 투자자" 과정을 거쳤다.

(3) 천억 건물주 멘토는 강남과 주요 지역에 천억 수준의 건물을 보유하고 있다.

(4) 천억 건물주 멘토는 좋은 대학을 나오셨지만 천억 건물주가 되는데 대학이 도움되지 않았다.

(5) 천억 건물주 멘토는 독서를 많이 한다.

(6) 천억 건물주 멘토는 가족을 사랑한다.

2.

천억 건물주를 만나
인생 밑바닥에서 다시 시작하다

천억의 건물을 보유하고 있는 자산가. 성공한 사업가이자 건물 투자자. 그런 위대한 분을 만나 내 인생을 바꾸기 시작했다. 내 인생을 새로 써내 려가기 시작했으며, 그 기록을 남기려고 한다. 천억 건물주 멘토를 만나 고 배우면서 느끼는 점은 '내 인생'을 살고 싶다는 것이다.

그동안 나는 다른 사람들이 만들어 놓은 프레임에 갇혀 남들 눈치를 보 며 살아가고 있었다.

사회에서 정해 놓은 기준대로 살려고 했던 것이다. 이제는 내 인생을 살아가려고 한다. 내가 하고 싶은 대로 하면서 내가 원하는 인생을 살아 가고자 한다. 회사 대표님이 사 주시는 값비싼 메뉴를 먹는 것보다 내가 편의점에서 사 먹는 컵라면이 맛있는 이유도 내가 원하는 것을 선택하여 직접 경험할 수 있기 때문이다.

이제 나는 내 인생을 살아갈 것이다.

다소 뻔한 이야기, 다소 진부한 이야기, 책에서 흔히 볼 수 있는 이야기 를 경험하고 있다. 다만 내가 그 이야기들과 다른 점은 책 안에 사실인지 거짓인지 모르는 이야기들을 글자로 접하는 것이 아니라, 내 눈으로 직접 천억 자산을 이룬 성공한 멘토를 곁에서 보고 배운다는 점이다.

지금 나는 천억 건물주의 성공스토리 드라마의 조연으로 하루하루를 보내고 있다. 그리고 다음 촬영작은 나의 성공스토리 드라마이다.

하루 아침에 성공을 이룰 수 있다는 허황된 생각따위는 하지 않는다. 지금 나에게 중요한 것은 내 머릿속에 가득찬 잡념과 불필요한 생각들을 없애 버리고 새로운 나로 다시 태어나는 것이다.

천억 건물주 멘토 옆에서 배우고 깨닫기만 하면 아무 의미가 없다. 소중한 교훈들을 바로바로 실천하여 나도 멘토처럼 되어야 한다. 아니, 청출어람이라는 말처럼 멘토를 뛰어넘는 제자가 될 것이다.

이 글을 읽으면서 천억 건물주 멘토에게 배우는 나와 함께 먼 길을 떠나고자 한다면 기꺼이 환영한다. 우리 다 같이 인생 역전을 이룰 수 있는 치트키를 정복해 나가자.

3. 천억 건물주가 해 준 한마디 조언으로 인생의 전환점을 맞이하다

2022년 한 해를 마무리하는 연말, 코로나가 끝나가면서 사람들을 만나는 자리가 서서히 늘어나기 시작했다. 2022년 여름부터 시작된 미국의 기준금리 인상으로 부동산 시장이 침체되기 시작했고, 내가 하는 감정평가업무 역시 직격탄을 맞고 매출이 급격하게 감소하였다.

날씨도 춥고 마음도 추운 겨울날, 천억 건물주 멘토는 연말에 사람들을 만나는 자리마다 나를 초대해서 중요한 분들을 소개시켜 주셨다. 언론에서 본 적이 있는 유명인, 부동산 사업으로 성공한 젊은 사업가 등.

새로운 분을 소개받아 함께 저녁식사를 하면서 '사주'에 대한 이야기를 나누었다. 어느 유명한 곳은 무엇을 정확하게 맞추었다는 등 구체적인 내용들이 오가면서 즐거운 이야기를 이어갔다. 그렇게 그날의 만남이 끝나고 다음 날, 전날 만남을 떠올리면서 화두로 나온 장소가 어디였는지 검색하여 천억 건물주 멘토에게 공유해 드렸다.

"이곳이 어제 얘기했었던 사주로 유명한 곳이며, 멘토께서 시간 나실 때 같이 가면 좋을 것 같습니다."

이런 메시지를 멘토께 보내드렸고, 잠시 후 회신이 왔다.

"지금 어디니? 잠깐 만나자."

10년 가까이 천억 건물주 멘토와 만나며 가깝게 지내고 있었는데 이러한 만남 제안은 처음이었다. 다소 놀랐고, 궁금하였다. 멘토께서 갑자기 만나자고 하신 이유가.

멘토와 나란히 마주앉았다. 멘토께서 이야기를 꺼내셨다.

"너 지금 자산이 얼마니?"

처음으로 멘토께서 나의 사적인 영역에 대해 질문을 하셨다. 하기야 우리 부모님을 포함한 가족도 쉽게 물어보지 못하는 다소 부담스럽고, 많이 어려운 질문이니까.

"…"

대답을 망설이자 멘토는 다음 질문을 바로 하셨다.

"지금 회사 다니면서 1년에 얼마씩 모을 수 있지?"

전문직으로 활동하고 있고, 대형평가법인에서 경력을 오래 쌓았지만 버는 돈(매출)과 저축하는 돈(수익)은 차이가 많이 난다. 핑곗거리가 많지만 핑계일 뿐이다.

"수익은 높은 편이지만 지출도 많아서 모으는 게 쉽지 않은 것 같습니다."

돈을 많이 모을 수 있으면 좋겠지만, 멘토의 질문에 사실대로 대답하였다.

"그럼 지금처럼 살면 안 되겠네. 직장을 그만두고 사업을 해야 돈을 빨리 모을 수 있겠다. 애들도 있잖아."

이 한마디가 내 인생을 바꾸어 놓았다. 이 한마디는 내게 큰 용기를 주었다.

맞다. 지금 내 재정 상황에서는 큰 변화가 필요한 것이었다. 매달 안정적인 월급으로는 돈을 많이 모을 수 없는 상황이었다. 이러한 위기 상황에서 안일하게 지내고 있던 것이다.

한 집안의 가장으로서 집안을 일으키고 경제적인 안정을 이루고자 한다면 몇 년간 고생할 각오를 하고, 나를 벼랑 끝으로 몰아 넣을지라도 버티고 이겨 내어 그동안 고생한 대가를 경제적인 부로 바꿔야 했다. 멘토께서 내 생각의 틀을 깨고 고정관념을 벗어던질 수 있는 조언을 해 주신 덕분이다.

말 한마디. 내 지난 10년을 크게 바꿀 만큼 통찰력 있고, 중요한 한마디로 내 인생은 변화하고 있다. 지금 당장 나에게 필요한 변화는 나의 안일하고 안주하는 오래된 생각들을 날려 버리고 내 마음속 열정을 다시 일으켜야 한다. 다시 스무 살 청년 그때로 돌아가자. 지금이 내 인생 마지막 기회로 생각하고 하나씩 바꾸면서 성공의 길로 들어서자.

4. 천억 건물주를 만나 건물주의 꿈을 이루기 위해 도전하는 중

천억 건물주 멘토를 만나서 나의 인생이 어떻게 바뀌었을까?

가장 큰 변화는 사업을 성공적으로 운영하고 지금은 천억대 건물을 소유하는 건물주인 멘토와 가까워지면서 "나도 할 수 있다."는 자신감이 생겼다는 것이다. 영화나 드라마에서나 볼 수 있는 성공스토리가 아니라 나와 친하게 지내는 멘토가 지나온 길이라면 나도 할 수 있겠다는 생각이 든다.

"그래 나도 해 보자."

막연한 이상이 아니라 나도 열심히 하면 될 수 있고, 할 수 있다는 생각이 든다. 사업을 성공시켜 나도 건물주의 꿈을 이루어낼 수 있다는 자신감. 이 차이가 성공한 멘토를 둔 제자들이 멘토처럼 성공한 이유가 아닐까 싶다. 성공한 사업가이자 천억 건물주인 멘토가 나에게는 자주 만나 대화하고 웃으며 친하게 지내는 지인이기 때문이다.

이제 천억 건물주 멘토의 가르침을 하나씩 실천하면서 시간과 돈에 구애받지 않은 인생을 살아가리라. 누군가를 위해서 일하는 삶이 아니라 온전히 나를 위해 하루하루를 보내는 삶을 살아가리라.

지금 시작하는 과정들을 절대 포기하지 않고 실천하면서 천억 건물주
가 되리라.

감정평가사가 만난

천억
건물주

ⓒ 이형석, 2024

초판 1쇄 발행 2024년 3월 6일

지은이   이형석
펴낸이   이기봉
편집   좋은땅 편집팀
펴낸곳   도서출판 좋은땅
주소   서울특별시 마포구 양화로12길 26 지월드빌딩 (서교동 395-7)
전화   02)374-8616~7
팩스   02)374-8614
이메일   gworldbook@naver.com
홈페이지   www.g-world.co.kr

ISBN   979-11-388-2823-9 (03190)